Friedrich Held

**Harald und Wolfgang**



Schrenk-Verlag
Röttenbach / Fränk. Seenland

## Edition Hesselberg im Schrenk-Verlag

Friedrich Held, Was habe ich Euch getan? 978-3-924270-48-3
Friedrich Held, Der Tote vom Eisler, 978-3-924270-78-0
Friedrich Held, Glück in Ruinen, 978-3-924270-34-6
Friedrich Held, Wassertrüdinger Gschichtli, 978-3-910284-55-5
Friedrich Held, Lina, du träumst! 978-3-910284-59-3
Friedrich Held, Harald und Wolfgang, 978-3-910284-64-7

Bibliographische Information der **Deutschen Nationalbibliothek**:
Die Deutsche Nationalbibliothek verzeichnet diese Publikation
in der Deutschen Nationalbibliographie; detaillierte bibliographische Angaben sind im Internet über **www.dnb.**de abrufbar.

**Impressum**
© Schrenk-Verlag, Inh. Dr. Johann Schrenk
Alramweg 3, 91187 Röttenbach
schrenk@buchfranken.de / www.buchfranken.de
Satz und Layout: Schrenk-Verlag
Cover: Gestaltung Schrenk-Verlag; Vorderseite unter
Verwendung eines Fotos von Wolfgang Peuker, Eisenberg
Abbildungen: s. Bildnachweis S. 57
Herstellung: BoD – Books on Demand, Norderstedt

Originalausgabe 2023

ISBN **978-3-910284-64-7**

Friedrich Held

# Harald und Wolfgang

## Eine deutsch-deutsche Geschichte

EHA
Edition Hesselberg
& Altmühlfranken
im Schrenk-Verlag

## Inhaltsangabe

# Harald und Wolfgang

## Kindheit in Reichenberg

Für Mutter Johanna Peuker war die Geburt der Zwillinge am 23. April 1938 eine Erlösung, auch wenn die Umstände furchtbar waren. Sie hatte lange auf diesen Tag gewartet. Als gelernte Säuglingsschwester wusste die werdende Mutter, was auf sie zukommen würde. Sie ging rechtzeitig ins Krankenhaus in Reichenberg, und sie wusste vorher schon, dass es Zwillinge werden. Zwei Geburten in kurzer Zeit bedeuteten doppelte Schmerzen. Dazu gab es viel zu erledigen. Der Vater hatte als gelernter Parkettleger in letzter Minute noch ein zweites Kinderbettchen gebaut. Doch wo sollte man in diesen schwierigen Zeiten schnell eine Kleinkindermatratze bekommen? Auch dieses Problem konnte Otto Peuker noch rechtzeitig lösen.

Als seine Frau mit den winzigen Zwillingen heimkam, standen die Bettchen bereit. Und eine große Doppelwiege war auch schon in Arbeit. Johanna dankte Otto dafür, denn in diesen unsicheren Zeiten gab es fast nichts zu kaufen. Otto meinte: „Der Kleinere passt in einen Maßkrug, ich glaube das ist der Harald." Zwei Kinder im Krankenhaus zu stillen bedeutete eine schwere Belastung für die Mutter. Die Zwillinge in der Wohnung in der Tugemannshöhe 24 zu versorgen, strengte auch eine gelernte Säuglingsschwester sehr an. Da beide Buben mit einer gekrümmten Wirbelsäule auf die Welt gekommen waren, mussten sie mehrmals am Tag mit Watte und Öl behandelt werden.

Die Peukers hatten in der Straße einige Bekannte. Zwei jüngere Frauen kamen, um Johanna Peuker bei den alltäglichen Arbeiten zu helfen. Sie sagten zur Mutter: „Wir kommen gerne, denn die beiden Kleinen sind so süß. Das macht uns viel Freude, und wir lernen, wie man mit Kindern umgeht." Stillen musste Johanna die beiden alleine. Als sie dann später gefüttert wurden, waren die Nachbarinnen zur Stelle, um dabei zu helfen. So konnten Wolfgang und Harald zusammen gefüttert werden. War die Mutter allein, wechselte sie beim Stillen und beim Füttern immer ab, damit keiner bevorzugt wurde. Einmal wurde

Wolfgang zuerst gefüttert, und dann kam Harald dran. Beim nächsten Mal wurde dann gewechselt. Keiner der beiden sollte immer der erste und keiner sollte immer nur der zweite sein. Sogar beim Windeln wechseln half immer eine der Frauen. Wenn sie da waren, konnten beide gleichzeitig gewickelt werden. Zuerst schrien beide, wenn gewickelt wurde, doch zunehmend strampelten sie begeistert mit den Füßchen, wenn sie auf dem Wickeltisch lagen

*Familie Peuker 1938*

Vater Peuker hatte einen sehr schönen Zwillings-Kinderwagen in der Altstadt aufgetrieben, doch dafür wollte die ältere Dame einen Einbauschrank. Da war es gut, dass Vater Peuker in kurzer Zeit den Schrank einbauen konnte. Für solche Fälle hatte der Vater immer Holz gesammelt. Wenn irgendwo in der Nachbarschaft alte Möbel entsorgt werden sollten, so tauschte er Brennholz für die alten Möbel. In seinem Schuppen hatte er nicht nur gebrauchtes Holz sondern auch Schrauben, Nägel und Holzdübel gesammelt. Am teuersten war für ihn der Leim, doch den konnte er vom Leimvertreter in seiner kleinen Firma zu Großhandelspreisen kaufen.

Als nach drei Monaten die beiden Helferinnen ausfielen, merkte Johanna Peuker erst, wie wichtig die Hilfe der Nachbarinnen gewesen war. Denn wenn sie den ersten Zwilling fütterte, schrie der andere in den lautesten Tönen. Beim Füttern des zweiten Kindes brüllte der andere genau so laut, die arme Mutter war ganz fertig mit den Nerven. In den ersten Wochen gab es oft Geschrei, weil einer der beiden warten musste, bis er an der Reihe war, doch mit der Zeit vertrauten sie darauf, dass keiner benachteiligt würde. Ein Problem wurde bald deutlich: Johanna konnte die beiden nicht ganz sicher unterscheiden. Wolfgang und Harald waren eineiige Zwillinge. Deshalb bekam jeder ein kleines farbiges Band ums Handgelenk. Nach ungefähr einem Jahr konnte die Mutter ihre zwei Buben auch ohne Bändchen unterscheiden. Der Vater brauchte etwas länger, bis er seine Söhne auseinanderhalten konnte. So oft es ging, stellte Johanna Peuker die beiden in ihrem schönen Kinderwagen in den Garten hinter dem Haus. Wenn sie zum Einkaufen ging, suchte sie sich immer Nachbarinnen, die auf die beiden aufpassten. Als ein halbes Jahr um war, wurde im Garten der neue Laufstall aufgebaut, den Vater Peuker schon lange vorher gefertigt hatte. Nun zeigte es sich, dass die beiden immer einen Spielkameraden hatten, sie waren nie allein, deshalb spielten sie auch immer miteinander.

## Kriegsjahre

Am 1. Oktober 1938 marschierten deutsche Truppen in die Tschechoslowakei ein und besetzten die sudetendeutschen Gebiete. In Reichenberg, dem heutigen Liberec in Nordböhmen, waren alle Bewohner in großer Aufregung. Es galten von da an die deutschen Gesetze, und die Polizei stand unter deutschem Kommando. Einige tschechische Einwohner in der Stadt verließen schnell ihre Wohnungen und Häuser, die Mehrheit blieb, da sie deutsch war. Für die Zwillinge änderte sich nichts, doch die Eltern waren wegen der Zukunft in großer Sorge.

Nach einem Jahr musste Vater Peuker als deutscher Soldat einrücken, denn der Zweite Weltkrieg begann. Als der Aufruf für die Soldaten im Radio kam, weinte Johanna. Ihr Otto musste in den Krieg. Sie schluchzte heftig. „Es sind schon so viele Soldaten gefallen und nicht zurückgekehrt! Ich habe große Angst um dich!" sagte sie mit Tränen in den Augen. Otto versuchte, sie zu trösten. Schweren Herzens nahmen Johanna und Otto voneinander Abschied. Mit dem Kinderwagen begleitete sie ihren Mann bis zur Kaserne. Auf dem Weg konnte keiner etwas sagen, und vor der Kaserne umarmten sie sich noch einige Minuten. Die junge Mutter war mit ihren kleinen Zwillingen von da an auf sich allein gestellt. Johanna Peuker lebte von dem wenigen Geld, das sie vom Staat als Soldatenfrau bekam. Schlagartig wurden alle Lebensmittel und alle wichtigen Dinge für den Alltag um vieles teurer. Dazu kam die Sorge um den Mann, der an der Front kämpfen musste. Die nächsten Monate waren furchtbar für die junge Familie, denn es kam lange keine Nachricht vom Vater. Johanna Peuker war ohne ihren Mann in großer Sorge.

Endlich erhielt sie nach mehreren Monaten einen Brief von der Ostfront, in dem Otto mitteilte, dass er gesund sei. Er berichtete, dass er eine besondere Aufgabe erhalten hatte: Als Soldat war er für die Versorgung, für die Sauberkeit und für die Gesundheit von zehn bis zwölf Pferden verantwortlich. Die beginnende Rationierung von Lebensmitteln bedeutete für Frau Peuker große Einschränkungen, denn ab Anfang September 1939 war die Versorgung mit Milch, Brot und anderen Lebensmitteln eingeschränkt. Jeden Tag ging die Mutter mit ihren Zwillingen spazieren oder in einen nahen Park, da sie wusste, wie wichtig für Kleinkinder die frische Luft ist. Während sie mit dem Kinderwagen vor dem Milchgeschäft oder vor dem Bäcker warten musste, kam es immer wieder vor, dass Harald und Wolfgang aus Leibeskräften schrien, weil sie merkten, dass in der Schlange vor den Läden Menschen standen, die sich über das lange Warten ärgerten. Regelmäßig bekamen Harald und Wolfgang geschabte Möhren und jeden Tag einen Esslöffel Lebertran, den die beiden nach anfänglichem Ausspucken später brav hinunterschluckten. Da Harald schwer atmete, wurde er untersucht; man fand 1943 Polypen in seiner Nase. Bei der operativen Entfernung dieser Wucherungen bekam Harald keine Narkose. Seine Mutter und sein Bruder hörten ihn wegen der starken Schmerzen durch mehrere Türen laut schreien. Bei diesem Eingriff verlor Harald viel Blut.

*Mutter mit den Zwillingen im Riesengebirge*

Bald ging Mutter Johanna mit ihren Zwillingen zum Gondelteich in Reichenberg, wo sie den Enten und im Winter den Schlittschuhläufern zuschauten. Am Teich trafen sie den Arzt, der Johanna entbunden hatte. Er staunte über die Zwillinge und meinte: „Es ist verblüffend, wie gut sich die beiden entwickelt haben. Besonders der kleinere hat ziemlich aufgeholt! Wenn sie die Zwillinge weiter so gut versorgen, haben sie bald den Rückstand zu den einzeln Geborenen ausgeglichen!" Im Sandkasten hinter dem Haus spielten die beiden zusammen auch längere Zeit allein, ohne dass Erwachsene ihnen etwas vormachen mussten. Sprechen lernten die Zwillinge später, weil sie sich am Anfang untereinander mit seltsamen Lauten verständigten. Ein besonderes Erlebnis war für Johanna und ihre Söhne eine Urlaubsreise im Winter 1943/44 ins nahe Riesengebirge nach Harachsdorf. Bei hohem Schnee waren sie viel in den verschneiten Tälern und Wäldern unterwegs. Es war eine unbeschwerte Zeit ohne das Schlange-Stehen vor den Geschäften und ohne die Alltagssorgen in Reichenberg.

Von einer Nachbarin hatte die Mutter gehört, dass eine andere Frau aus dem Haus einer vertriebenen tschechischen Familie Schlittschuhe

Die Zwillinge 1942

für kleine Kinder mitgenommen hatte. Diese konnten Harald und Wolfgang ausleihen. Das war eine Freude, als sie 1943/1944 diese Schlittschuhe an die Sohlen der Winterstiefel anschrauben konnten. So machten sie auf dem Eis ihre ersten Fahrversuche. Manchmal besuchte Johanna mit ihren Buben und einem Schlitten den nahen Berg, der Jeschken hieß. Diese Erhebung ist unter anderen das Wahrzeichen von Reichenberg. Bis zum Fuß des Berges fuhren sie mit dem Bus. Dann mussten sie mit ihren einfachen Stiefelchen an der Hand der Mutter zum Gipfel hinauflaufen. Auf dem Rückweg ging es in einer langen Schlittenfahrt den Berg wieder hinunter. Das war für die beiden Buben ein Riesenspaß.

1944 kamen Wolfgang und Harald nach Ostern in die Volksschule. Ein großes Problem für die Mutter der Zwillinge waren die Schulsachen. Die Zeiten waren so schlecht, dass man in den Schreibwarengeschäften keine Schiefertafeln und keine Griffel bekommen konnte. So hörte sich Johanna Peuker schon einige Monate vorher um, wo sie Tafeln bekommen konnte. Von ihrer Nachbarin Frau Kaden bekam sie den Tipp, dass Frau Smelka gegenüber drei Kinder in der Schule gehabt hatte, dass diese aber nun alle dem Schulalter entwachsen waren. Frau Smelka war sehr freundlich, doch sie hatte nur eine Tafel, denn ihre drei hatten diese nacheinander benutzt. Aber sie versprach Frau Peuker, dass sie von ihrer Schwägerin noch eine besorgen würde. Zwei Tage später brachte sie die Schiefertafeln und sogar noch einige Stifte dazu. Dafür schenkte ihr Johanna Peuker eine sehr schöne Holzschüssel, die ihr Mann auf Vorrat gemacht hatte.

Jeden Tag mussten die Zwillinge von da an mit Griffel und mit einer Schiefertafel im Ranzen in die erste Klasse gehen. Die vielen Mitschüler und der Unterricht gefielen den beiden am Anfang gut, denn das bedeutete Abwechslung gegenüber vorher. Schnell hatten sie sich an den rauen Ton des Aushilfelehrers gewöhnt, der als verwundeter ehemaliger Offizier den Unterricht hielt. Die meisten Lehrer waren an der Front oder in Gefangenschaft. Das Quietschen der Kreidegriffel auf den Schiefertafeln machte den beiden auch nichts aus. Regelmäßig bekamen Schüler auf die rechte Hand Schläge mit einer Rute, damit sie in Zukunft schöner schreiben würden. Harald und Wolfgang wurden nicht geschlagen, anscheinend war der strenge Lehrer mit ihren Schreibversuchen auf der Schiefertafel zufrieden. An die gefährlichen Tieffliegerangriffe auf dem Schulweg gewöhnten sie sich nicht. In diesen Zeiten war für die Kinder und auch für die Erwachsenen die Angst vor Bomben und Gewehrkugeln alltäglich. Es bedeutete, dass die Kinder bei Alarm in den Schulkeller gehen mussten. Auf dem Schulweg lernten sie schnell, dass man auf der richtigen Straßenseite den Schutz einer Hauswand suchen musste, damit man nicht ins Schussfeld der Tieflieger und der Bordschützen geriet. Die Zwillinge schauten den größeren Kindern ab, wohin diese bei den Angriffen rannten.

Nach der Schule spielten Wolfgang und Harald gerne im Freien. Der Garten von Herrn Braunsberger gegenüber gefiel den Zwillingen besonders gut. Sie spielten oft unter den hohen Bäumen und zwischen den Sträuchern. Einmal kamen Tieflieger und machten Zielübungen auf die kleinen Kinder in dem großen Garten. Daheim erzählten sie ihrer Mutter von den Gewehrkugeln, die in ihrer Nähe in den Gartenboden eingeschlagen waren. Johanna machte sich große Sorgen und nahm sich vor, besser auf die Warnungen vor Tieffliegern zu hören. Ihren Buben befahl sie, beim Ertönen von Sirenen sofort nach Hause zu kommen. Dort setzten sie sich bei Fliegeralarm gemeinsam in den Keller.

Im Sommer stellte man bei Wolfgang einen Leistenbruch fest. Als Säuglingsschwester wusste seine Mutter, dass ein Leistenbruch gefährlich werden konnte. Er wurde umgehend operiert. In diesen Zeiten waren Operationen sehr schwierig, denn immer wieder wurde

Fliegeralarm gegeben. Deshalb mussten die Betten in den Krankenhaus-Keller transportiert werden. Weil man viele Betten wegen Platzmangels einsparen musste, wurde der sechsjährige Wolfgang zeitweise zu einem Verwundeten ins Bett gelegt.

## Vertreibung

Gegen Ende des Kriegs hörte Johanna Peuker nichts mehr von ihrem Mann, er war verschollen. Im April 1945 schlugen eines Tages zwei tschechische Soldaten mit ihren Gewehrkolben an die Haustür und schrien so laut, dass die Söhne gar nicht verstanden, ob sie tschechisch oder deutsch gebrüllt hatten. Eine Stunde später musste die junge Mutter mit ihren zwei Buben das Haus verlassen. Mitnehmen durften sie fast nichts, deshalb zogen Harald und Wolfgang alle Kleidungsstücke zweimal an: Zwei Hemden, zwei Paar Strümpfe, die fast nicht in die kleinen Schuhe passten; und die Unterwäsche wurde auch zweimal getragen. Mutter Johanna zog im April ihren wärmsten Wintermantel und eine Regenjacke darunter an. Sie hoffte, dass sie die wichtigsten Ausweise und Dokumente mitgenommen hatte. In solchen Momenten fehlte ihr Otto. Mit den deutschen Nachbarn wurden sie nach einer Stunde von tschechischen Soldaten in ein Barackenlager oberhalb von Reichenberg getrieben. In dem langen Zug waren Frauen und Kinder und einige wenige ältere Leute. Viele weinten, weil sie Angst hatten. Mutter Johanna drückte die Hände ihrer Zwillinge, die sich eng an sie schmiegten. Das Wachpersonal begleitete den Zug mit vorgehaltenen Gewehren und lauten Schimpfwörtern. Im Barackenlager oben auf dem Berg gab es dann wie in den folgenden Tagen immer Wassersuppe mit nur wenig Brotstückchen.

Das Lager ähnelte einem Gefangenenlager. Für alle war die ungewisse Zukunft das Schlimmste, denn niemand konnte sagen, ob es nach Polen oder Richtung Westen gehen würde. Für die Kinder war es nicht so schlimm wie für die Mütter, denn es gab wenig Waschgelegenheiten und keine Bademöglichkeiten. Kleidung konnte auch niemand waschen. Die Verpflegung war schlecht und viel zu wenig. Alle hungerten und die tschechischen Wärter betonten mehrmals, dass vor einigen Monaten Deutsche mit ihnen auch so umgegangen waren. Weil die Wachen mehrmals Erwachsene und Kinder schlugen, lebten alle Deutschen in großer Sorge. Die Kinder spielten fast gar nicht miteinander, weil sie Angst vor den Wärtern hatten. Schlafen mussten sie auf Holzpritschen ohne Matratzen, doch hatten die drei Peukers vier Wolldecken ergattert. Die beiden Buben rollten sich nachts in die Decken und auf das Ende der Decke legten sie ihren Kopf. Mehrmals wachten sie nachts auf, weil Kinder schrien oder weil ein Wachsoldat in die Baracke brüllte. Dann versuchten sie bei ihrer Mutter unter die Decke zu schlüpfen. Doch Johanna fand so keinen Schlaf mehr.

Nach ungefähr vierzehn Tagen mussten alle an einem Vormittag auf dem Lagerplatz antreten. Dann wurden die verängstigten Frauen, die Kinder und die alten Leute durch die Stadt getrieben. Bald merkten die Gepeinigten, dass es zum Bahnhof ging. Dort wurden alle Deutschen aus dem Barackenlager in offene Kohlewaggons gezwungen und wie in einen Pferch gesperrt. Alle standen nun sehr eng zusammengedrückt. Auf dem Boden der Kohlenwaggons hatte sich eine bis zu 30 cm dicke Schicht an Kohlenstaub gebildet. Für die Kinder war das besonders schlimm, denn sie waren dem Kohlenstaub näher als der frischen Luft im oberen Teil der Güterwagen. Je länger die Erwachsenen in den engen Waggons standen, umso öfter scharrten sie mit ihren Stiefeln und Schuhen im dicken Kohlenstaub, so dass die Luft für die Kleinen immer schlechter wurde. Ein Mann schimpfte: „Es ist eine Schweinerei, wie wir hier behandelt werden!“ Während der Zug bis in die Nacht auf dem Bahnhof stehen blieb, breitete sich das Gerücht aus, dass der Zug nach Polen fahren könnte. Gegen Mitternacht setzte sich der Zug in Bewegung. Es war bitterkalt, und alle froren. Seit dem Barackenlager in Reichenberg hatten die Abgemagerten nichts zu essen und nichts zu trinken bekommen. Immer wieder hielt der Zug an, und man sah, wie Leichen aus dem Zug geworfen wurden.

Nach einer langen Fahrt, die den Kindern wie eine Ewigkeit vorgekommen war, hielt der Zug auf freier Strecke. Die Seitenplanken der Waggons fielen herab, und alle wurden von einigen Wachsoldaten heruntergejagt. Wolfgang und Harald suchten die Hand ihrer Mutter: Müde und voller Angst fragte Harald seine Mutter: „Wo sind wir? Bekommen wir hier eine warme Stube. Mir ist so kalt!" „Das weiß, glaube ich, keiner von uns. Bleibt bei mir, es wird schon werden!" Obwohl Johanna Peuker große Angst hatte, versuchte sie die beiden Kinder zu beruhigen. Dann brüllte einer von den Soldaten mehrmals: „So, jetzt seid ihr in eurem Reich!" Im Dunkeln standen alle auf einer Wiese, und keiner konnte sagen, wo sie waren. Am Morgen marschierten dann alle in die Richtung, die einige angegeben hatten, die sich bei Tageslicht etwas auskannten. So kamen sie in die Stadt Zittau, die mit Vertriebenen überfüllt war. Mutter Johanna nahm die Zwillinge an die Hand und versuchte eine Suppenküche und eine der überfüllten Flüchtlingsunterkünfte zu finden. Alle drei hatten noch die gleichen Kleider an wie vor zwanzig Tagen. Plötzlich heulte Harald, und mit Tränen in den Augen fragte er seine Mutter: „Wann sind wir wieder daheim? Bekommen wir dann richtiges Essen??" Wolfgang weinte mit und schluchzte: „Ich möchte wieder in einem Bett schlafen." Johanna konnte ihre Zwillinge kaum beruhigen. Sie ermahnte die beiden: „Hört auf zu weinen, wir sind auf der Suche nach Essen. Außerdem schauen wir nach einer Unterkunft mit Betten." Doch sie glaubte selbst nicht, dass sie eine geeignete Bleibe finden würden.

Eine unvorstellbar glückliche Begegnung hatte die kleine Familie während der Suche nach einer Suppenküche. In einem Trupp von Gefangenen kam ihnen der Vater entgegen. Mutter rief: „Schaut, dort drüben marschiert euer Vater!" Wolfgang wollte zu seinem Vater laufen, doch seine Mutter erwischte ihn noch an einem Arm: „Du kannst nicht zu ihm, er wird von Soldaten bewacht und darf mit niemand reden, auch nicht mit dir!" Die Kinder verstanden das nicht, aber sie konnten nicht zu ihm hin, denn die russischen Wachen waren streng. Mutter fragte einige Männer auf der Straße, wo die russischen Gefangenen lebten. Niemand konnte ihr Auskunft geben, einer meinte sogar, dass diese Gefangenen in Lagern auf einem Dorf oder in den Wäldern eingesperrt wären.

Schon am Nachmittag tauchte Vater Peuker plötzlich in der Flüchtlingsunterkunft auf, er hatte sich von seiner Gruppe entfernen können, ohne dass er erwischt worden war. Alle hatten auf ein Wiedersehen gehofft, aber keiner hatte geglaubt, dass es so schnell möglich würde. Zufrieden und glücklich hielt Otto die Zwillinge in seinen Armen. Johanna konnte kaum ein Wort sagen. Vater redete beruhigend auf Johanna ein. In diesen schwierigen Zeiten war Otto eine große Hilfe. Johanna war mit ihren Sorgen nicht mehr allein. Doch sie hatte das Gefühl, dass ihre Beziehung nicht mehr so herzlich wie früher war. Wolfgang fragte seinen Vater: „Wie bist du denn den Russen entkommen? Haben sie dich freigelassen?“ Harald hörte auch gespannt zu, als Vater zu erzählen begann: „Kurz vor Kriegsende kam ich in russische Kriegsgefangenschaft. Wir wurden in ein Lager im Erzgebirge nicht weit von hier gebracht, wo man uns kaum etwas zu essen gab. Die russischen Soldaten hatten selbst fast nichts zu beißen, aber sie klauten jeden Tag bei deutschen Bauern, um so über die Runden zu kommen. Uns gaben sie nur wenig, meist nur trockenes, altes Brot und Wasser. Da ich bei der Befragung durch den russischen Geheimdienst angegeben hatte, dass ich anfangs als Pferdebursche gearbeitet hatte, schickten mich die Russen an manchen Tagen mit einigen Soldaten und einem Pferdefuhrwerk fort, um Kartoffeln, Mehl Eier und andere Lebensmittel auf dem Land zu holen. Die Bauern waren wütend, denn sie bekamen nie Geld für die Lebensmittel. Während die Soldaten mit den deutschen Landwirten verhandelten, tränkte und fütterte ich immer auf den Bauernhöfen die Pferde. Eines Tages wurde ein weiterer deutscher Gefangener mitgeschickt. Wir mussten beide die Säcke schleppen und aus den Scheunen auf das russische Pferdefuhrwerk bringen. Das war meine Chance. An diesem Tag ging ich bei der Abfahrt zurück auf das Fuhrwerk. Während der russische Soldat die Zügel hielt, saß ich hinten bei den Kartoffeln. Als wir den Hof verlassen hatten, sprang ich vom Wagen und lief davon. Schnell versteckte ich mich hinter der Scheune im Gebüsch!“ „Das war mutig!“ meinte Harald. „Sie schauten wahrscheinlich längere Zeit nicht nach mir,“ erzählte der Vater weiter. „So konnte ich entkommen. Weil wir uns vor zwei Tagen hier in Zittau gesehen hatten, wusste ich, dass wir uns in dieser Stadt finden würden. Ich hoffe, dass die Russen mich in Reichenberg suchen, wo ich ja ursprünglich herkomme!“

In einem Dorf bei Zittau kannte Vater Peuker einen Kriegskameraden, bei dem sie alle unterkamen. Besonders der Honig aus dem Bienenhaus war eine willkommene Bereicherung des kargen Speiseangebots. Brote mit Honig waren besondere Leckerbissen für die schlecht versorgten Kinder. Harald fragte seine Mutter: „Warum sprechen die Leute hier so seltsam, ich verstehe sie kaum?“ Mutter lachte: „Die Gegend um Zittau gehört zu Sachsen, also sprechen die Leute hier sächsisch!“ „Sind wir hier im Ausland?“ fragte Harald weiter. „Nein!“ meinte seine Mutter. „Die Leute sprechen sächsisch, das ist ein deutscher Dialekt. Wir sprechen egerländischen Dialekt und auch Deutsch. Deshalb verstehen wir uns trotz der sprachlichen Unterschiede!“ Da das Haus klein und die Verwandtschaft des Kriegskameraden sehr groß war, konnten sie nicht länger bleiben. Aber Vaters Freund hatte Verwandtschaft in Ahlendorf bei Eisenberg in Thüringen. Für den Umzug half den Peukers ein Zufall. In Thüringen gab es damals kein Salz. So bekamen sie von Vater Peukers Kriegskameraden einige Pfund Salz, das sie den Verwandten in der neuen Unterkunft mitbrachten. Das Salz und die Vertriebenen waren schon sehnlich erwartet worden. „Endlich kommen unsere Engel mit dem Salz!“ So wurden sie von den Hausleuten begrüßt. Sie konnten einige Tage in diesem Haus essen und bleiben, aber sie mussten auf dem Heuboden schlafen.

## Ankunft in Thüringen

Vater Peuker hatte sich umgeschaut und die Familie in einem Flüchtlingslager in Crossen angemeldet. Auf dem Weg dorthin fuhren sie mit dem Zug über Dresden, das damals ein Durchgangsbahnhof für die meisten Flüchtlinge aus dem Osten war. Was die Eltern und ihre Zwillinge dort erlebt und gesehen hatten, übersteigt jede Vorstellung. Alle Züge waren voller Menschen, die sogar auf den Zugdächern, auf den Puffern und auf den Trittbrettern der Waggons saßen. Die Stadt war ein Trümmerhaufen voll mit Bauschutt und Asche. Vereinzelt stieg noch Rauch auf, dessen Geruch alle Durchreisenden ihr Leben lang nicht vergessen haben. Für die schönen Gebäude hatten sie keinen Blick, Vater meinte: „Diese Stadt müssen wir schnell verlassen, denn alle die hier sind müssen hungern. So schön das Schloss und viele andere Gebäude sind, so hässlich sind die Ruinen und die Schuttberge in dieser zerstörten Stadt. Auf dem Bahnhof schauten sich die Zwillinge um. Völlig verängstigt kamen die Siebenjährigen zur Mut-

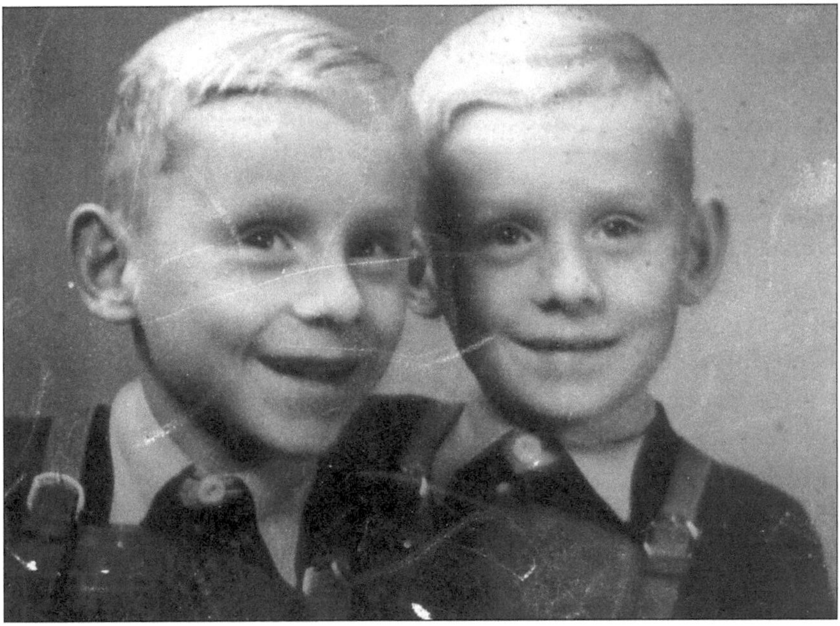

*Zwei Blondschöpfe 1945*

ter zurück und erzählten: „Am Ende des Bahnsteigs ist ein Schutthaufen, aus dem schaut ein Arm und eine Hand heraus. Der Tote liegt unter dem Schutt begraben!" Alle waren froh, als sie wieder im Zug saßen.

Nach mehreren Stunden Fahrt erreichten sie Crossen. Das Städtchen hatte ungefähr 4000 Einwohner. Die Schule, in der sie als Flüchtlinge leben sollten, war zweckentfremdet worden. Hiers schliefen viele Vertriebene auf Feldbetten. Das primitive Leben war aber auch keine Dauerlösung. Otto Peuker sagte eines Tages zu seiner Frau und den Kindern: „Hier ist es nicht schön. Lange halten wir es hier nicht aus. Ich werde versuchen im nahen Eisenberg einen Arbeitsplatz zu bekommen, damit wir eine Zukunft haben!"

Vater Peuker schaute sich in dem zehn Kilometer entfernten Eisenberg um. Dort gab es mehrere größere Betriebe. In einer Schamotte-Fabrik wurde ein Modelltischler gesucht, der die Vorlagen für das Gießen der Steine herrichten sollte. Als gelernter Parkettleger bekam er die Anstellung. Otto Peuker fragte seinen Chef bald, ob er aus Abfallholz kleine Holzgegenstände bauen durfte. Da das Abfallholz auch als Brennholz sehr begehrt war, musste er jedes Mal fragen, wenn er Holz für seine Spielsachen und Gebrauchsgegenstände wie Teller und Löffel verwendete.

So zog die Familie mit ihren wenigen Habseligkeiten nach Eisenberg, Unterkünfte für Vertriebene standen in einem Lazarett, in mehreren Baracken und in einem Kino bereit. Sie fanden Platz im ehemaligen Kino, aber sie mussten in dem großen Raum auf dem Boden schlafen. Nachts war es immer sehr unruhig, Fast jede Nacht liefen Ratten über die Schlafenden weg, und wenn jemand aufstand, so wurden alle in der Nähe wach. „Es ist so scheußlich, ich habe Angst, dass mir eine Ratte über das Gesicht rennt und mir die Augen und das Gesicht zerkratzt!“ jammerte der kleine Harald. Seine Mutter wollte ihn beruhigen und meinte: „Sie klettern nur über dich weg, denn sie suchen Mehl und Brot!“

Nach einem halben Jahr bekamen sie in Eisenberg endlich ein kleines Zimmer und eine Dachkammer zugewiesen. Wasser gab es im Treppenhaus, wo ein Wasserhahn und ein gusseisernes Becken angebracht waren. Gekocht wurde in jedem Stockwerk auf einem Ofen. Mit den anderen Bewohnern im Haus mussten sie sich arrangieren. „Ab jetzt bringt ihr jeden Tag eurem Vater das Essen!“ ermahnte die Mutter ihre beiden Siebenjährigen. Wenn das Essen zu spät fertig war, gab es Ärger in der Fabrik, denn dort ging es genau nach der Uhr.

*Dachgeschoßwohnung in Eisenberg*

Immer wieder gab es Streit, weil die Zwillinge das Essen nicht rechtzeitig brachten. Manchmal war auch Johanna nicht rechtzeitig mit dem Kochen fertig geworden. In diesen Tagen erfuhren die Kinder, dass ihrem Vater wegen eines Magengeschwürs ein Teil des Magens operativ entfernt worden war. Das Geschwür kam daher, weil Otto früher sehr viel geraucht hatte. Gut für ihn war, dass er wegen seines kleinen Magens nun regelmäßig eine Zuteilung Weißbrot erhielt. Die Zwillinge hatten in dieser schlechten Zeit immer Hunger, deshalb freuten sie sich besonders, wenn vom Weißbrot auch für sie etwas übrig blieb.

Harald erkrankte in dieser Zeit an Typhus. Dann musste auch noch sein Leistenbruch operiert werden. Das überfüllte Krankenhaus bestand nur noch aus Barracken. Als Typhus-Patient musste Harald in einer Quarantäne-Baracke liegen. Eine davon war eine Quarantänestation für Kranke mit ansteckenden gefährlichen Krankheiten. Wolfgang und Mutter Johanna konnten deshalb Harald nicht besuchen, doch sie klopften an sein Fenster. So konnten sie ihn sehen und ihm etwas Mut machen. Nach seiner Entlassung aus dem Krankenhaus sah Harald aus wie „Haut und Knochen". So jedenfalls erinnert sich sein Bruder Wolfgang noch heute.

Auch wenn Vater Geld verdiente, so war es trotzdem sehr schwierig etwas zum Essen in den Läden zu bekommen. Es gab fast gar nichts zu kaufen. So musste Otto Peuker jeden Samstag mit seinen zwei Söhnen zum Betteln aufs Land. Er versuchte, möglichst viel Essbares für die Holzgegenstände einzutauschen. Es war keine Seltenheit, dass sie an einem Tag über 20 km barfuß gehen mussten. „Ich kann nicht mehr, mir tun meine Füße so weh!" jammerten die Kinder öfter, doch Vater war unerbittlich, sie konnten ja nicht irgendwo im Freien bleiben. Für Harald und Wolfgang waren die Betteltouren eine schlimme Tortur. Manchmal hatten sie Tränen in den Augen. Die weiten Fußmärsche ohne Schuhe bereiteten ihnen Schmerzen, und die Blasen an den Füßen taten beiden weh. Manchmal blieben sie unterwegs stehen und weinten, doch Vater Otto wusste, dass die Bäuerinnen ihm mehr mehr zum Essen gaben, wenn sie die abgemagerten Zwillinge sahen, die er dabei hatte.

Manchmal gingen Wolfgang und Harald auch alleine auf die Dörfer, um zu „fechten", wie ihr Vater zum „Betteln" sagte. Wenn die Schule nach vier Stunden um elf Uhr beendet war, machten sie sich oft hungrig auf den Weg. Manche Bäuerin kannte sie schon, wenn sie läuteten oder an die Fenster klopften. An vielen Höfen hing auch ein Schild „Betteln verboten!" Vor einigen Häusern knurrten Hunde und machten den Buben Angst. Trotzdem konnte sich die Familie auf diese Weise wenigstens so ernähren, dass niemand verhungern musste. Dick wurde bei diesen Verhältnissen niemand. Am Vormittag fanden sie unterwegs öfter Äpfel, Birnen oder Beeren, weil niemand die Zeit zum Aufsammeln gehabt hatte.

Vom zweiten Stock ihrer kleinen Dachwohnung blickten die Peukers auf die Autobahn A9. Außerdem schauten sie auf einen großen Kreisverkehr vor dem Haus hinunter. Von April 1945 bis Juli 1945 besetzten die Amerikaner Thüringen. Für die Buben war es ein sehr schönes und interessantes Schauspiel, denn die amerikanischen Soldaten fuhren in ihren Jeeps mit Weißwandreifen um diesen Kreisverkehr auf nur zwei Rädern, ohne dabei umzukippen. Wenn die Buben am Straßenrand den amerikanischen Soldaten zuwinkten, warfen diese ihnen oft Schokolade oder Orangen zu. Leider war die Zeit schnell vorbei, denn die Amerikaner zogen plötzlich ab, und russische Soldaten folgten ihnen. Viele Amerikaner fuhren im Jeep, die Russen kamen aber mit wattierten Jacken und Pelzmützen auf offenen LKW-Ladeflächen. Im Gegensatz zu den lachenden Amerikanern machten die Russen einen verhärmten Eindruck.

Anfang 1946 wurde in Eisenberg eine Freibank eröffnet, in der Fleisch und Blut von Notschlachtungen billiger verkauft wurden. Natürlich bildeten sich sofort große Schlangen vor diesem Geschäft. Mutter Johanna wechselte sich mit ihren Zwillingen beim Warten ab. Von 5 Uhr früh an standen sie abwechselnd in der langen Reihe der Wartenden, bis sie dann endlich dran waren. Wenn sie Glück hatten, bekamen sie auch Blut von den Schlachtungen in ihre zwei Milchkrüge. Mit Zwiebeln, Majoran und Salz wurde das Ganze zu einem guten Essen gekocht. Die Zuteilung über die Lebensmittelkarten reichte bei weitem nicht. Milchersatz war die Molke, die in besseren Zeiten nie-

*Eisenberg*

mand wollte. Brennnesselsalat wurde auch gemacht. Während der Erntezeit gingen die Buben über die Felder, um Ähren, Kartoffeln und Zuckerrüben durch Nachlesen zu finden. Manchmal holten sie auch Zuckerrüben aus den Mieten auf den Äckern, denn aus den Rüben wurde ein guter Sirup gekocht, was für den kargen Speiseplan sehr wichtig war. Der Landwirt, bei dem sie in der kleinen Dachkammer wohnten, hatte in einem Nebengebäude einen Kessel, in dem sie ihre Rüben kochen konnten. In dieser schlimmen Zeit mussten Wolfgang und Harald manchmal mit Frauenschuhen laufen, denn in den Geschäften gab es nichts zu kaufen. Während der warmen Tage liefen sie fast immer barfuß.

Die Zwillinge spielten gerne mit den Holzresten und Klötzen, die Vater aus der Firma mitbrachte. Aus gefundenen Lumpen hatten sie einen Ball zusammengeschnürt. Im Sommer spielten sie damit Völkerball mit Nachbarskindern auf dem Schützenplatz, dem späteren Platz der Republik. Ein beliebtes Spiel war damals auch das Kreiseln. Bei diesem Geschicklichkeitsspiel steckte man kleine Holzkegel, die Vater Peuker selbst gemacht hatte, in den Boden oder in eine Lücke zwischen den Pflastersteinen. Dann schlug man mit einer kleinen Peitsche auf die Seite der Kegel, die sich daraufhin drehten, wenn wenn man sich dabei richtig anstllte.

Nach einigen Monaten traute sich Herr Peuker in der Firma auch größere Dinge zu bauen. Wenn er viel Holz brauchte, wurde ihm manchmal etwas vom Wochenlohn abgezogen, doch das lohnte sich für Otto Peuker trotzdem. So entstanden Roller und ein Kaufmannsladen für Kinder. Die Frau eines Wurstfabrikanten in der Nachbarschaft wollte den Kindern der vertriebenen Familien, die bei ihr untergebracht waren, eine Freude bereiten. Sie bestellte zwei Roller und einen Spielladen. Als diese geliefert waren, hingen plötzlich zwei große Würste an der Zimmertür, worüber sich Harald und Wolfgang riesig freuten.

Vater Otto ging in einen Männerchor. Ab und zu traf er sich mit Bekannten, um Bier zu trinken. Dabei wurde so laut über die Besatzungsmacht geschimpft, dass zwei Nachbarn Herrn Peuker warnten. So etwas war in der von russischen Einheiten besetzten Zone sehr gefährlich. Wolfgang hörte, wie ein Nachbar zu seinem Vater sagte: „Herr Peuker, wenn sie das Schimpfen über die russische Besatzung nicht unterlassen, kann es sein, dass sie schneller in Sibirien sind, als ihnen lieb ist!“ Der Bub erschrak.

Über das Rote Kreuz hatte Otto Peuker seine Verwandtschaft in Wassertrüdingen gefunden. Nach einigen Monaten erzählte er seiner Frau und den Kindern von seinen Plänen: „Weil die Grenzen noch durchlässig sind, sollten wir möglichst bald die russisch besetzte Zone verlassen und zu den Amerikanern gehen! Ich werde als erster mit Harald hinübergehen, damit er in ein gutes Krankenhaus kommt. Er wird zurzeit nicht gesünder, sondern von Tag zu Tag schwächer!“ Johanna erschrak, sie war sprachlos, sie war entsetzt. Wie konnte Otto nur daran denken, sie und Wolfgang zurückzulassen. Ihr Mann merkte, welche unmöglichen Vorschlag er seiner Frau unterbreitet hatte. Deshalb fuhr er fort: „Natürlich kommst du dann mit Wolfgang in einigen Monaten auch nach Wassertrüdingen. Ich werde euch bald nachholen. Dort werden wir dann zusammen hoffentlich ein zufriedenes Leben haben.“ Alle fühlten sich überrumpelt. An eine Trennung hatten sie nicht gedacht. „Weißt du, was du da von mir verlangst? Das kannst du doch nicht machen!“ antwortete Johanna ziemlich aufgebracht. Seit sie auf der Flucht waren, war die Stimmung noch nie so gereizt, doch es half alles nichts: Vater Peuker setzte seinen Willen durch.

### Vater und Harald gehen in den Westen

Vater hatte sich vorher in Eisenberg nach dem Grenzübertritt in die amerikanische Zone erkundigt. Nach einigen Tagen fuhr er tatsächlich in einer Gruppe mit Harald im Spätsommer 1947 nachts mit einem Zug Richtung Westen. Kurz vor der West-Zone hielt der Zug mitten in der Nacht auf einem kleinen Bahnhof. „Wo sind wir?“ fragte Harald seinen Vater. Der hätte selber auch gern gewusst, wo sie waren. In ihrer Gruppe befanden sich fünfzehn bis zwanzig Leute, die von einem Schleuser über die Zonengrenze in die amerikanische Zone gebracht werden sollten. Es war dunkel und kalt. Plötzlich fielen Schüsse. Hinter den Bäumen tauchten unerwartet russische Soldaten auf. Sie waren in eine Falle geführt worden. Alle mussten in ein Dorf in der Nähe laufen, wo sie in einer russischen Kommandantur geheimdienstlich erfasst wurden. Vater Peuker konnte keine Entlassungspapiere aus der russischen Gefangenschaft vorweisen, da er vor einigen Wochen aus dem russischen Gefangenenlager einfach davon gelaufen war. So sagte er, dass er „uk“ eingestuft gewesen war. „uk“ bedeutete: Unabkömmlich an einer wichtigen Arbeitsstelle, also nicht für den Militärdienst vorgesehen. Viele der Aufgegriffenen wurden nach Sibirien verschleppt. Otto Peuker hatte Glück, denn wegen seines Sohns wurde er von den Russen nach Eisenberg zurückgeschickt.

Doch er fuhr nicht zurück, denn in der Wirtschaft des Dorfes erfuhr Otto Peuker, dass der Wirt gleich nach dem Mittagessen Richtung Grenze zu seinem Acker hinauffahren wollte, um Kartoffeln zu ernten. Der Wirt war nicht erfreut, als Vater Peuker ihn fragte: „Können sie uns auf ihrem Fuhrwerk mitnehmen? Wir schauen aus, als ob wir beim Kartoffel-Klauben helfen würden.“ „Das kann ich nicht, denn ich habe große Angst, dass ihr entdeckt werdet!“ war die Antwort.

Doch Vater Peuker überzeugte den Wirt nach langem Zureden. So fuhren Otto und Harald am gleichen Tag dann mit einem Kuhfuhrwerk Richtung Grenze. Beide versteckten ihre Kleiderbündel unter Kartoffelsäcken. Außerdem hatten sie grobe Hemden an, und beide krempelten die Ärmel hoch. Harald hatte große Angst, denn die russischen Soldaten überwachten jeden Tag die Grenze. Er lehnte sich ängstlich an seinen Vater, der ihn in den Arm nahm. So saßen sie vorne beim Wirt auf dem Fuhrwerk. Man konnte meinen, dass sie mit dem Bauern zum Kartoffel-Klauben fuhren. Oben am Wald war der Acker des Gastwirts. Sie stiegen schnell ab. Es war fast die gleiche Stelle wie bei ihrem erfolglosen Grenzübertritt am Morgen. Gleich neben dem Gespann legten sie sich in die Furchen. Zwischen den Kartoffelstauden robbten sie ungefähr zwanzig Meter hoch zum Wald. Harald war sehr schwach und brauchte unbedingt eine Pause.

Hinter den Bäumen im Wald ruhten sie aus und schauten nach den russischen bzw. nach den amerikanischen Grenzsoldaten. Beinahe wurden sie von einer russischen Streife entdeckt, die am Waldrand hinter ihnen unterwegs war. Die amerikanischen Grenzer liefen deutlich weiter innen im Wald. Vater Peuker erklärte seinem Sohn, dass er nicht auf Äste oder auf Reisig steigen sollte, weil das lautes Knacken verursachte. Außerdem wollten sie von Baum zu Baum gehen, um immer schnell eine Deckung zu haben. Alle zwei bis drei Minuten blieben sie stehen, um zu hören, ob das Knacken von anderen Menschen zu hören war. Nachdem eine amerikanische Streife passiert hatte, stand Otto Peuker mit seinem Sohn auf und schlich von Baum zu Baum durch den Wald Richtung Westen. Als sie dann am Waldrand auf eine Straße kamen, fragte Harald seinen Vater: „Können wir einen Bus nehmen, ich kann fast überhaupt nicht mehr laufen, mir tut alles weh!“ „Wir können nicht mit einem Bus fahren,“ antwortete ihm sein Vater. „Wir haben keine Ausweispapiere!“

Sie liefen einige Tage immer weiter, manchmal auch ohne Weg. Nachts schliefen sie bei großer Kälte im Wald, es war Ende Oktober und unangenehm feucht. Tagsüber versuchten sie bei Schäfern Wasser und Brot, vielleicht auch Butter oder Käse zu bekommen. Für den kleinen Harald war es eine furchtbare Tortur, er wurde von Tag zu Tag unruhiger. Obwohl er schon sehr abgemagert war, nahm er noch weiter ab. So marschierten sie einige Tage und einige Nächte. Otto Peuker merkte, dass Harald immer schwächer wurde.

An einem Abend fragten sie dann in einem Dorf bei einem Bauernhof nach Quartier und nach Essen. Der Bauer wollte sie wegschicken, doch die Bäuerin hatte den neunjährigen Harald gesehen, der sie erschöpft und verdreckt angesehen hatte. „Kommt herein, ihr seid sicher hungrig und müde!“ forderte die Bäuerin Otto und Harald auf. Zum gemeinsamen Abendessen gab es Milchsuppe mit Brotstücken. Nach dem ersten Löffel fiel Haralds Kopf auf den Teller, so erschöpft war er. Als er am Morgen in einem fremden Bett in einem unbekannten Zimmer aufwachte, schrie er ängstlich nach seinem Vater. Der kam und zog ihn an. Nach einem üppigen Frühstück am Küchentisch bedankten sie sie sich bei der freundlichen Bauersfrau. Vater fragte vor dem Aufbruch: „Wo gibt es hier einen größeren Bahnhof?“ Die Frau erklärte ihnen den Weg und meinte: „Es wird gut sein, wenn sie den Zug nehmen, denn der Bub hält weitere Fußmärsche kaum aus!“

Harald schleppte sich weiter, obwohl er durch seine Typhuserkrankung und wegen der Operation seines Leistenbruchs stark geschwächt war. Einige Dörfer weiter löste Vater Peuker im Bahnhof Fahrkarten nach Dinkelsbühl. Im Zug erklärte ihnen der Schaffner, dass sie mit diesen Karten auch direkt bis Wassertrüdingen fahren könnten, weil die Fahrt dorthin kürzer war. Zufrieden schaute Harald aus dem Zugfenster. Obwohl sie keinen Platz bekommen hatten, schlief Harald bald auf einem Kartoffelsack ein. Sie mussten zweimal umsteigen. Übernacht blieben sie im Bahnhof Nürnberg, wo sie auf dem Boden im Freien in der Eingangstür zur Gepäckaufbewahrung schliefen. Nach kurzem Schlaf taten Harald alle Knochen weh, denn das Pflaster war so hart. Er hatte nur den Mantel seines Vaters als Unterlage. Als sie dann am nächsten Tag im Zug auf einer Holzbank saßen, war das für Harald eine Wohltat.

An einem Sonntagmorgen kamen sie am Bahnhof Wassertrüdingen an. Harald dachte zuerst, dass der Ort ein größeres Dorf sei, doch dann bemerkte er die schönen großen Häuser in der Bahnhofstraße, die ihn ein bisschen an Reichenberg erinnerten. Zerlumpt und verdreckt nach der langen Fahrt trafen sie am oberen Törle einen Mann, der sich als Herr Vollmond vorstellte. Ihn fragten sie nach der Verwandtschaft. Er konnte ihnen sagen, wo diese wohnte. Vaters Mutter und seine Schwester Hildegard lebten im Gasthof zum Ochsen. Sie freuten sich sehr, als sie Otto mit Harald an der Türe empfingen und meinten: „Zuerst bleibt ihr ein oder zwei Tage bei uns in unserer kleinen Wohnung, so haben wir Zeit und können uns nach einer Bleibe für euch und nach einem Arbeitsplatz für Otto umsehen!" Doch so weit kam es gar nicht, denn als sie sich am nächsten Tag bei Bürgermeister Fleischmann anmelden wollten, schickte er Vater und Sohn gleich zu den Amerikanern, weil Otto Peuker keine Entlassungs-Papiere vorweisen konnte. Deshalb wurden beide von den amerikanischen Behörden in Bayreuth in ein Barackenlager auf einer Wiese unterhalb des Festspielhauses eingewiesen.

Es waren schlimme Wochen, die sie dort verbringen mussten. Sie schliefen auf Feldbetten und nachts hörten und sahen sie Ratten über die Feldbetten huschen. Für die Amerikaner gehörten sie zur Gruppe der DPs, das heißt „Displaced Persons" oder „Menschen am falschen Ort". Der kleine Harald war verzweifelt und fragte seinen Vater immer öfter: „Wann kommen wir endlich nach Wassertrüdingen? Wann kann ich wieder in einem richtigen Bett schlafen, ohne dass Soldaten während der Nacht herumbrüllen?" Im Lager bekamen sie wenigstens zweimal am Tag warmes Essen, doch sonst war der Tagesablauf furchtbar. Es gab jeden Tag einen langweiligen Vortrag. Herumtollen durften die Kinder und die Jugendlichen nicht wirklich, immer wieder wurde ihnen gedroht, sie sollten sich ruhiger benehmen. Zweimal wurde ihnen in einem Film das traumhaft schöne Leben in den USA gezeigt. Die Erwachsenen sollten lernen, dass die westliche Demokratie viel besser ist, als die Hitler- oder die Stalin-Diktatur war. Diese Filme gefielen Harald sehr, und er hoffte, dass er in Zukunft auch ein schöneres Leben führen könnte.

Nach langen sechs Wochen wurden Vater und Sohn mit neuen Papieren auf einem amerikanischen Lastwagen nach Wassertrüdingen zurückgebracht. Dort zeigte Ottos Mutter ihnen die Unterkunft im

*Wassertrüdinger Törle*

Gasthaus zum Ochsen am Wassertrüdinger Marktplatz. In diesem Haus mit einem schönen Barock-Giebel wohnten auch zwei Brüder von Otto. So traf Harald hier Onkel Josef und Onkel Ernst. Seine Cousins und Cousinen waren für ihn eine neue Erfahrung. Mit seinem Vater bekam er ein kleines Zimmer im ersten Stock. Ein großer Vorteil war, dass es in diesem Haus bei der Verwandtschaft fast immer etwas zu essen gab. Außerdem war es warm, und die Gastgeber waren auch freundlich zu ihnen. Heute kann man sich nicht mehr vorstellen, wie viele Leute damals auf engstem Raum zusammengelebt hatten. Da Otto keine Arbeit fand, musste er anfangs im städtischen Wald arbeiten. Sie wohnten noch längere Zeit mit Ottos Mutter und Schwester im Gasthaus Kamm neben dem Rathaus. Nach einigen Jahren kam noch Erwin, ein weiterer Bruder von Vater Otto, nach Wassertrüdingen.

Ab dem dritten Tag ging Harald in die Volksschule. Weil er bisher nur ganz kurz in der ersten Klasse gewesen war, kam ihm die Wassertrüdinger Schule sehr fremd vor. Seine Mitschüler in der dritten Klasse konnten alle lesen und rechnen, sie hatten in der Schule schon viel gelernt. Harald sollte aufholen, aber wie? Die Mitschülerin Erika Bickel war seine Rettung. Harald kannte sie schon, denn sie war die Enkelin seiner Wirtsleute und wohnte auch im gleichen Haus. Erika setzte sich nachmittags fast jeden Tag mit Harald an einen Tisch in der Gastwirtschaft und brachte ihm Lesen, Schreiben und Rechnen bei, so dass Harald am Schuljahresende in diesen Fächern aufgeholt hatte. Erika gefiel die Rolle als Hilfslehrerin gut, und Harald ließ sich gerne von Erika unterrichten. Es gab in Wassertrüdingen viele Flüchtlinge, die Arbeit suchten, aber Otto Peuker hatte Glück. Über Bekannte seiner Hausleute erhielt er den Tipp, in der Schreinerei Engelhardt nach Arbeit zu fragen. Als gelernter Parkettleger bekam er sofort eine Stelle. Von da an waren sie finanziell abgesichert. Harald fragte seinen Vater mehrmals: „Wann kommen Mama und Wolfgang auch nach Wassertrüdingen?“ Sein Vater wich ihm aus. Einmal meinte er: „Ich weiß nicht sicher, ob Johanna nach Wassertrüdingen will!“ Ein anderes Mal sagte er: „Ich glaube, dass Mama sich nicht traut, über die gut bewachte Grenze in die amerikanische Zone zu fliehen.“ Über das Pfarramt und über das Rote Kreuz versuchten sie mit Johanna Peuker Kontakt aufzunehmen, aber das gelang nur sehr selten, und es waren immer sehr kurze Antworten, die ihnen übermittelt wurden. Vater und Sohn sprachen öfter über Mutter und über Wolfgang. Sie hätten gerne genauer gewusst, wie es den beiden gerade ging.

## Mutter Peuker und Wolfgang in der sowjetischen Zone

Nachdem Vater Peuker und Harald in den Westen gegangen waren, begann für Johanna und Wolfgang eine schlimme Zeit. Kurz danach wurde ihnen die kleine Wohnung genommen. Bei einem Landwirt am Ortsrand wurde ihnen eine Dachkammer zugeteilt. Von nun an waren Hunger und Kälte an der Tagesordnung. Weil Wolfgang sehr starken Hunger hatte, ging er einige Tage nicht in die Schule. In dieser Zeit schlich er sich immer öfter zum Futternapf der Hennen und aß daraus zerquetschte Körner und Kartoffeln. Einige Monate lang bekam Mutter keine Arbeit, sie waren arm. Doch dann erhielt Johanna eine Stelle in einer Porzellanfabrik zugewiesen. In der Folge verbesserte sich ihr Leben etwas. Man teilte ihnen eine kleine Zwei-Zimmer-

*Wolfgang im Sandkasten*

Wohnung zu, was unbedingt nötig wurde, denn Wolfgang war älter geworden und sollte eigentlich nicht mehr mit seiner Mutter in einem Bett schlafen.

Mittlerweile hatte Johanna ihre Schwester ausfindig gemacht, die in Nürnberg lebte. Noch im Jahr 1949 machte sie sich im Dezember auf den Weg dorthin. An der Grenze hatte man Johanna Peuker erwischt, festgenommen und in ein Lager gesteckt. So war Wolfgang an Heilig Abend allein in der kalten Zwei-Zimmer-Wohnung. Er war gerade 11 Jahre alt und sehr ängstlich. Doch glücklicherweise hatten die Nachbarn etwas mitbekommen und luden ihn dreimal zum Essen ein. Erst kurz nach Weihnachten kam seine Mutter zurück. Im Lager war es ihr schlechter gegangen. Die Wachmannschaften hatten die Eingesperrten wie Schwerverbrecher behandelt und ihnen fast nichts zu essen gegeben. Nach und nach gewöhnten sich Wolfgang und seine Mutter an das Leben ohne Vater und ohne Harald.

In dieser Zeit hatte Wolfgang das Gefühl, dass die Mutter nicht mehr an ein Familienleben mit Otto und Harald glaubte. Es hatte Johanna schwer getroffen, dass ihr Mann Otto so entschieden Richtung Westen gegangen war. Dem Versprechen, sie nachzuholen, glaubte sie auch nicht. Johanna arbeitete wieder im Krankenhaus, denn sie brauchten ja das Geld zum Leben. Zur selben Zeit absolvierte sie etliche Lehrgänge und wurde dann Krankenschwester. Sie arbeitete im Schichtdienst, so war Wolfgang viel allein. Als er erfuhr, dass er einen Vormund bekommen sollte, befürchtete der Zwölfjährige die Trennung seiner Eltern. Seine Mutter erklärte ihm: „Ich habe die Scheidung eingereicht, denn mit dieser Ungewissheit kann ich nicht leben!". Als nun die Frage des Vormunds besprochen wurde, machte die Gerichtssekretärin einen guten Vorschlag: „Mein Mann ist ein großer Tierliebhaber, der tagtäglich viele Tiere versorgen muss. Dort könnte Wolfgang nach der Schule und nach den Schularbeiten mithelfen!" So wurde es gemacht, und Wolfgang bekam von da an jeden Mittag pünktlich sein Essen. Nach den Hausaufgaben half er dem Hausherrn beim Füttern und Ausmisten. Es gab viele Tiere: Nutrias, Silberfasane, Mandarine, verschiedene Entenarten, Lachtauben, Ringeltauben, Nilgänse und viele mehr. Wolfgang freundete sich schnell mit der Familie an; es gefiel ihm bei dem Vogelliebhaber.

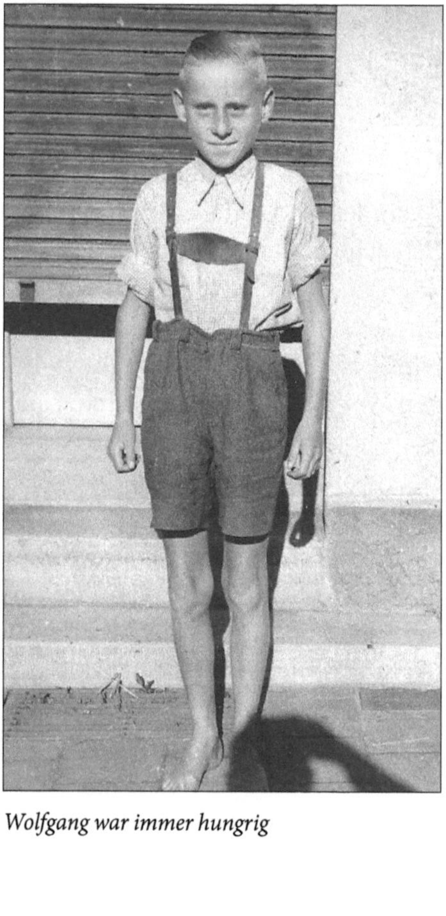

*Wolfgang war immer hungrig*

Der Sohn der Familie studierte Zoologie. Er durfte in den Westen nach Helgoland fahren, wo er Vögel beringte. Einmal brachte er von einer Autobahnbrücke bei Jena eine kleine Dohle mit, die Wolfgang zähmte. Zusammen mit seinem Pflegevater

beringte er im Winter auch sehr viele Vögel, besonders Goldammern. Die Nutriafelle wurden in Leipzig für gutes Geld verkauft. Das Fleisch war eine Delikatesse. Sein Betreuer bot es teuer den großen Hotels an. Wolfgang bekam auch manchmal etwas von diesem zarten Fleisch für seine Mutter mit. Wenn Johanna Peuker von der Arbeit im Krankenhaus heimkam, ging er auch in die Wohnung zurück. Auf dem Heimweg am Nachmittag spielte Wolfgang viel auf der Straße mit anderen Kindern. Dabei lernte er Heinz kennen, einen Jungen aus Berlin-Schöneiche. Heinz verbrachte seine Ferien bei Verwandten im Haus. Sie wurden schnell Freunde und hatten viele Erlebnisse gemeinsam. Zum Beispiel waren sie oft zum Forellen-Fangen im nahen Mühltal. Der schöne klare Bach hatte es ihnen angetan. Sie waren häufig und gerne dort. Die Freundschaft festigte sich immer mehr, so wurde Wolfgang in den nächsten Ferien nach Berlin eingeladen.
Seine Mutter erlaubte ihm die Fahrt. Aufgeregt stieg der Zwölfjährige allein in den Zug. Die Fahrt ging über Gera und Leipzig nach Berlin. Im Ostbahnhof erwartete ihn schon die Gastfamilie auf Bahnsteig 4. Freudestrahlend nahm ihn sein Freund Heinz und dessen Vater in Empfang. Mit der S-Bahn und dann mit einem Trabant ging es nach Schöneiche. Ein Häuschen aus den Dreißigern und ein schöner Garten waren das Ziel. Auch die Mutter des Freundes begrüßte ihn sehr herzlich. Für die Erwachsenen gab es Kaffee. Für die Kinder standen ein frischer Kuchen und Brause auf einem Gartentisch bereit. Wolfgang schmeckte die Brause und der Kuchen, von dem er zwei Stücke aß. An diesem herrlichen Sommertag gab es sehr viel zu erzählen. Für Wolfgang war es interessant, eine Familie mit Papa und Mama zu erleben. Seine Gasteltern hatten die Zeit vollgepackt mit schönen und interessanten Ausflügen. Besonders beeindruckt zeigte sich Wolfgang vom Schiffshebewerk Niederfinow und den Schleusen. Die vielen Flüsse und Seen in der Umgebung waren herrlich. Bei gutem Wetter kam auch das Baden nicht zu kurz. Die Zeit ging viel zu schnell vorbei, der Abschied erfüllte Wolfgang mit Wehmut, doch die beiden Jungen versprachen einander, sich noch öfter treffen zu wolten. Bis heute zehrt Wolfgang von den schönen Erinnerungen an diese Ferien.

1952 wurde Wolfgang konfirmiert. An diesem Sonntag war er allein zu Hause. Am Mittag war ihm kalt, und er hatte großen Hunger. Zu

Feierlichkeiten konnte er nicht gehen, weil er nirgends eingeladen war, und weil er sehr einfach gekleidet war. Eine Frau aus der Nachbarschaft hatte mitbekommen, dass er am Tag seiner Konfirmation allein daheim saß. Sie klingelte an der Haustüre und schenkte Wolfgang ein Paar Socken.

Nach der 8. Klasse musste Wolfgang die Schule verlassen, da es keine neunte und keine zehnte Klasse gab. Später holte er dann am Dienstag und am Donnerstag immer von 17:30 bis 21:30 in der Abendschule einen ordentlichen Schulabschluss nach. Leider endeten mit der Schulzeit auch die schönen Aufenthalte bei dem Tierliebhaber.

## Lehrjahre und erste Berufsjahre von Wolfgang

1952 kümmerte sich Wolfgang mit 14 Jahren selbst um eine Lehrstelle, was damals gar nicht einfach war. Es gab sehr viele Jugendliche und Erwachsene, die eine Lehrstelle oder einen Arbeitsplatz brauchten. Deshalb musste Wolfgang sich auch in Nachbarorten nach Lehrstellen erkundigen. Von einem Schulfreund erfuhr von Ausbildungsplätzen in Jena. Er hatte großes Glück, denn mit einigen Schulkameraden kam Wolfgang dann im 20 km entfernten Jena unter. Dort konnte er im Reichsbahnausbesserungswerk den Beruf des Betriebsschlossers erlernen. Jeden Tag fuhr der junge Lehrling um 4:50 Uhr mit dem Zug von Eisenberg nach Jena und erst um 18:50 Uhr war er wieder in Eisenberg zurück. An Schultagen fuhr der Zug um 6:30 Uhr ab; der Lehrling kam um 15:30 Uhr wieder zurück. Meistens trug Wolfgang auf der Fahrt einen schäbigen Sportanzug, den seine Mutter und er bei der Kleidersammlung ergattert hatten. Nach zweijähriger Ausbildungszeit erhielt Wolfgang mit bestandener Prüfung den Facharbeiterbrief.

Am 5.März 1953 starb der Vorsitzende Generalsekretär der KPDSU Josef Stalin. Fast alle Menschen in der DDR atmeten auf, denn sie glaubten an eine Verbesserung ihrer Lebensverhältnisse. Doch die Hoffnungen der Bürger erfüllten sich nicht. Es dauerte dann nicht lange bis die Enttäuschten am 17. Juni 1953 zu einem Volksaufstand aufriefen. Wie ein Lauffeuer hatte sich in der ehemaligen sowjetischen Zone herumgesprochen, dass die Bauarbeiter an der Berliner Stalinallee auf die Straße gegangen waren, um zu protestieren. In vielen Betrieben legten die Beschäftigten die Arbeit nieder.

Auch im Reichsausbesserungswerk Jena, wo Wolfgang lernte, streikten die Arbeiter und marschierten zur Innenstadt. Wolfgang ging zum ersten Mal in einem Demonstrationszug mit; er fühlte sich unwohl, doch wollte er seine Arbeitskollegen nicht enttäuschen. Als Fünfzehnjähriger verstand er nicht genau, was dieser Aufstand bedeutete. Auf dem Holzmarkt in der Innenstadt hatte sich vor dem Büro der SED-Kreisleitung schon eine riesige Menge versammelt. Die Gefängnisse wurden von den Demonstranten mit Gewaltandrohung aufgemacht, und die Streikenden hängten Polizeiuniformen an Laternenmasten auf. Das Büro der SED wurde gestürmt. Die aufgebrachten Arbeiter warfen Beitragsmarken, Bücher, Schreibmaschinen und vieles andere auf die Straße. Die Stimmung der Menschen näherte sich dem Siedepunkt. Die wütenden Menschen und das zum Teil sehr brutale Vorgehen der Demonstranten waren für Wolfgang besorgniserregend. Die Menschen stellten plötzlich alles in Frage und begannen sogar, SED-Leute zu verprügeln. Am Mittag geschah etwas Furchtbares, was sich so niemand vorstellen wollte: Die in Jena-Zwätzen stationierten sowjetischen Truppen hatten den Befehl erhalten, den Aufstand mit aller Gewalt und Brutalität zu beenden. Wolfgang stand zwischen den vielen Streikenden, er hatte Angst. Die Panzer schoben die Straßenbahnen und Autos weg. Außerdem wurde geschossen, es waren mehrere Tote zu beklagen. Am Nachmittag fuhr er zurück nach Eisenberg. Gleich ging er auf den Marktplatz, wo sich auch eine große Menschenmenge versammelt hatte. Auch hier fuhren sowjetische Panzer auf und zerstreuten mit Waffengewalt die Demonstranten.

1953 war Wolfgang in die Eisenberger Tischtennis-Gruppe eingetreten, um sich sportlich zu betätigen. Eisenberg war damals eine Hochburg in dieser Sportart und spielte in der zweiten Liga. Wolfgang hatte von Anfang an gute Ergebnisse, weshalb er schnell die Aufstellung in die erste Mannschaft schaffte. Höhepunkte in seinem Leben waren für Wolfgang die drei Lehrgänge in den Jahren 1957, 1958 und 1959 im Tischtennis-Nachwuchskader der DDR. Besonders beindruckend war für Wolfgang ein Vergleichskampf in Warschau. Die jungen Spieler durften abends sogar in die Staatsoper. In seinem Beruf musste Wolfgang oft längere Zeit auswärts arbeiten, was ihm nicht besonders gefiel. Deshalb begab er sich auf die Suche nach anderen Arbeitsmöglichkeiten mit besseren Arbeitszeiten.

Einer seiner Freunde gab ihm den Rat, in Eisenberg bei der Fernmeldedienststelle nach einem Arbeitsplatz zu fragen. Dort war leider nichts frei, doch Wolfgang konnte beim Fernmeldebauamt anfangen. Erfreulich war für ihn, dass er wegen seines Facharbeiterbriefs eine Lohngruppe höher eingestuft wurde. Die Stelle verlangte von ihm viele neuen Arbeiten, z. B. mit Steigeisen auf Masten klettern, bei Bürgern Sprechstellen einrichten und in Schächten Kabel spleißen. Er machte seine Sache recht gut, so dass er schon nach kurzer Zeit seine Prüfung zum Fernmeldebaumonteur erfolgreich ablegen konnte.

Am 15. April 1956 wurde er ins Büro zu seinem Chef gerufen, der ihm sagte: „Sie haben sich schnell bei uns eingelebt. Und sie konnten auch schon einen zweiten Facharbeiterbrief machen. Darum werden sie in den nächsten Monaten mit einem Kollegen der zentralen Entstörungsstelle mitgehen, um die Arbeitsabläufe genauer kennenzulernen.“ Bald darauf konnte er die Fahrerlaubnis für Motorrad und für Fahrzeuge bis 1,5 t bekommen; der Fahrunterricht wurde ihm vom Fernmeldeamt bezahlt. Sein erstes Dienstfahrzeug war ein AWO-Motorrad. Dann erhielt er einen Trabant-Kombi. Später fuhr er einen Moskwitsch-Kombi. Nebenher baute er mit Kollegen abends nach Dienstschluss bei Privatleuten Antennen für die neuen Fernseher auf die Dächer. Das besserte seine Kasse auf, er konnte sich ab 1961 sogar ein eigenes Motorrad leisten. Außerdem bestellte Wolfgang einen Trabant-Kombi 601, weil er wusste, dass die Wartezeit bis zur Auslieferung meist zehn Jahre betrug.

In dieser Zeit interessierte Wolfgang ganz besonders das Schicksal seines Zwillingsbruders. Was machte Harald beruflich, und hatte er schon eine Lehr- bzw. Ausbildungsstelle? Mehrmals schrieb Wolfgang nach Wassertrüdingen. Er wollte auch wissen, ob Harald schon eine Freundin hatte. Endlich kam nach längerer Zeit ein Antwortbrief, doch der Inhalt enttäuschte Wolfgang sehr, denn es wurde ihm mitgeteilt, dass eine Auskunft über berufliche Dinge nicht erteilt werden kann. Wolfgang konnte diese Antwort nicht verstehen, erst viel später erfuhr er, dass Harald bei der Bundeswehr war. In der DDR bezeichnete man die Westsoldaten als Klassenfeinde, mit denen man keinen Kontakt haben durfte.

### Wolfgang fährt zu einem Tischtennis-Spiel in den Westen

Im Jahr 1959 hatte die Tischtennisabteilung Eisenberg mit dem Tischtennisverein Plattling sportliche Beziehungen aufgenommen. Im September kam es dann auch zum ersten Vergleichskampf in Plattling. Für Wolfgang ergab sich so die Möglichkeit, nach langer Zeit seinen Zwillingsbruder Harald wieder zu sehen. Mit dem Zug fuhren die Eisenberger nach Plattling über Nürnberg, wo sie umsteigen mussten. Sie hatten eine Stunde Zeit. Das war die Gelegenheit für ein Wiedersehen. Vor der Fahrt hatte Wolfgang die Zeiten der Ankunft und der Weiterfahrt nach Plattling seinem Bruder geschrieben. Er war ganz aufgeregt, als der Zug in den Nürnberger Hauptbahnhof einfuhr. Wie würde der Zwillingsbruder aussehen, und worüber wollten sie reden? Aber es kam ganz anders. Sein Vater kam an den Bahnsteig und teilte ihm ganz aufgeregt mit: „Leider darf Harald dich nicht sehen, denn er ist bei der Bundeswehr. Deshalb ist es ihm verboten, Kontakte zu Bürgern hinter dem Eisernen Vorhang zu haben!“ Wolfgang war wie vor den Kopf geschlagen. Die Enttäuschung war groß, doch sie mussten aufpassen, denn neben ihnen standen einige DDR-Funktionäre. Es war also ein sehr kurzes Wiedersehen. Vater und Sohn sprachen nur wenige Worte miteinander, doch über die 50 Westmark, die Wolfgang von seinem Vater erhielt, freute er sich riesig. Mit diesem Geld war er der „King“ in seiner Gruppe. Wegen der Funktionäre fiel die Verabschiedung sehr kurz aus. Noch lange grübelte Wolfgang darüber nach, warum sich Zwillingsbrüder wegen staatlicher Anordnungen nicht sehen können.
In Einzelkämpfen und in Doppel-Spielen verlief das Tischtennisturnier sehr spannend. Am Ende gewannen die Gäste aus Eisenberg mit 11:8. Allen Tischtennisfreunden aus Eisenberg war in Plattling aufgefallen, dass es in den Geschäften alles gab, was die Menschen brauchten. Besonders auffällig war, dass es vor keinem Geschäft Schlangen

von wartenden Menschen gab. Schön war, dass die Läden auch am Sonntag für die Gäste aus Eisenberg aufmachten. Einige der Sportler hatten von ihren Gastgebern etwas Geld erhalten, damit sie sich die Läden nicht nur anschauen konnten. Einer hatte in einem Geschäft nach einer Zange für Elektriker gefragt, mit der man die Isolierung von den Kabeln entfernen konnte. Er hatte keine Schwierigkeiten, er hätte vier solche Zangen kaufen können. Ein anderer kaufte eine Luftpumpe für Fahrradreifen, denn er hatte in Eisenberg schon lange danach gefragt, aber keine bekommen. Einige kauften Nylonstrümpfe für die Freundin. Ostgeld konnten sie keines verwenden. Wenn einer in ein Geschäft wollte, unterhielten sich andere Mitspieler angeregt mit den Männern von der Partei. Sie waren leicht zu erkennen, denn sie waren nicht aus der Tischtennismannschaft.

Zwei Jahre nach diesem Westbesuch wurde im August 1961 mit dem Berliner Mauerbau die Grenze nach Westdeutschland abgeriegelt. Im Tischtennisverein sprachen die Freunde von dem großen Glück, dass sie noch nach Plattling gefahren waren. Selbst die Schlupflöcher in Berlin für illegale Ausreisen waren nun geschlossen. Wolfgang und seiner Mutter wurde klar, dass sie Harald längere Zeit nicht mehr sehen konnten. Auch für diesen war ein Besuch im Osten nicht mehr möglich.

## Wolfgang bildet sich als Fernmeldetechniker weiter

Mit dem Facharbeiterbrief und mit der Fahrerlaubnis erhielt Wolfgang bald einen eigenen Arbeitsbereich, für den er voll verantwortlich war. Nebenher machte er noch einige Lehrgänge und Prüfungen, um sich weiterzubilden. Schon 1960 hatte er in Königswusterhausen bei Berlin einen Entstörer-Lehrgang für den Service mit gutem Erfolg absolviert. Bald danach delegierte ihn das Fernmeldeamt Gera nach Potsdam zum Meisterstudium, das er auch mit sehr gutem Erfolg abschließen konnte. Mittlerweile war er schon beim Fernmeldeamt in Gera bekannt. Deshalb wurde ihm nach dem Ausscheiden seines Chefs 1983 die Leitung der Zentralen Entstörungsstelle Eisenberg übertragen. Gleichzeitig wurde er zum Oberinspektor ernannt. Seine

Vorgesetzten hatten ihm vertraut. Darum übertrugen ihm die Herren der Bezirksdirektion zusätzliche verantwortungsvolle Aufgaben. Dazu zählten die Schachtgenehmigungen für die Versorgungsträger und für die Bauherren. Alle Kabelverlegungspläne wurden Wolfgang ausgehändigt, so dass Entscheidungen für die weitere Verlegung von Leitungen und Rohren mit Baggern oder mit der Hand von ihm getroffen werden konnten. Manchmal war es gar nicht einfach, eine sichere Entscheidung zu treffen.

1985 suchte das Fernmeldeamt Gera einen Leiter für die Entstörungsstelle Gera. Mit seinem Meisterbrief erhielt Wolfgang diese Stelle. Jeden Tag fuhr er von da an mit dem Bus nach Gera. Zusammen mit seinen Kollegen war er verantwortlich für die Störungsannahme und die Entstörung in den Bereichen Ronneburg, Hermsdorf, Weida, Bad Köstritz, Eisenberg, Krossen, Bürgel, Schkölen usw. Bis zur Wende 1989 war er nun in diesem Amt, in dem er auch noch mit Sicherheitsfragen, Fortbildungen der Kollegen, mit den Dienstfahrzeugen und vielen anderen Dingen zu tun hatte. In den Achtzigern hatte Wolfgang auch einen Vorbereitungslehrgang für das Fachhochschulstudium besucht, doch wegen der Übernahme des DDR-Fernmeldewesens durch die Telekom wurde aus diesem Studium nichts mehr. Bei der Übergabe an den West-Konzern war Wolfgang in Erfurt mit dem Leiter des Fernmeldeamts Gera dabei.

## Wolfgang heiratet

Durch die Wirren der Nachkriegszeit erlebte Wolfgang keine richtige Jugendzeit. Entbehrungen, Wohnungsprobleme und Hunger kannte er, aber mit anderen Jugendlichen abends ausgehen, das war ihm lange fremd. Nach der Facharbeiterprüfung änderte sich das. Er ging mit Freunden in Kneipen und zu Tanzabenden und so lernte er dort die ersten Mädchen kennen. Auf dem Sozius-Sitz seines eigenen Motorrads nahm er auch ab und zu ein Mädchen mit. 1962 lernte er auf einer Faschingsveranstaltung ein hübsches junges Mädchen kennen, in das er sich unsterblich verliebte. Im November 1963 heiratete er in Eisenberg seine Christine.

Die junge Frau hatte in Hermsdorf in einer keramischen Fabrik den Beruf einer technischen Zeichnerin erlernt. Ihre Mutter war alleinerziehend und arm, doch sie schaffte es, ihren beiden Kindern eine gute Ausbildung zu ermöglichen. Vor dem Krieg hatte sie mit ihrem Mann eine kleine Landwirtschaft betrieben, In dem Haus wurden die Scheune und der Stall über den Hausflur betreten, das war alles sehr anstrengend und umständlich gewesen. Christines Vater kam nicht aus dem Krieg zurück. Die Lage war für die Witwe, die Tochter und den Sohn schwierig. Neben den gepachteten Feldern besaß die Familie ein großes Grundstück am Stadtrand von Eisenberg. Schon 1946 begann Christines Mutter ein Haus auf diesem Grundstück zu bauen, denn sie hatte die Hoffnung nicht aufgegeben, dass ihr Mann doch noch heimkehren werde. Leider wurde daraus nichts. Für die frisch vermählten jungen Eheleute war die Situation alles andere als angenehm. Jeden Tag nach Dienstschluss half Wolfgang beim Hausbau, der immer länger dauerte.

Besonders schwierig war neben der knappen Zeit die Beschaffung der Baustoffe. Es gab fast nichts zu kaufen. Wolfgang versuchte über Beziehungen Steine, Farben, Sand, Putz und Zement kaufen zu können. Es war gut, dass er alte Telefone, die in seiner Dienststelle weggeworfen wurden, wieder reparierte. Im Tausch bekam er dann von Leuten, die schon lange auf ein Telefon warten mussten, die Baumaterialien, die er dringend brauchte. Außerdem halfen ihm ab und zu auch Freunde vom Tischtennis. Ohne diese Beziehungen wäre der Bau des Wohnhauses wegen der fehlenden Baumaterialien nicht möglich gewesen. So war das Haus wenigstens bald in zwei Räumen bewohnbar, doch dauerte es noch fast dreißig Jahre, bis das Haus ganz fertig war. Nach der Hochzeit zog das junge Paar in den halbfertigen Rohbau ein, wo sie die nächsten Jahre wohnten. 1964 kam ihr Sohn Thomas zur Welt. Für Christine und Wolfgang war das Kind ein Lichtblick in dieser schwierigen Zeit. Während der nächsten Jahre half Wolfgang nach Dienstschluss beim Hausbau und in der kleinen Landwirtschaft. Das große Grundstück und die Schafe mussten versorgt werden. Wie Wolfgang diese Arbeiten als Bauhandwerker, als Fernmeldetechniker und als Halbtags-Landwirt schaffte, ist ihm heute auch nicht mehr ganz klar. Auf jeden Fall wusste seine Schwiegermutter jeden Nachmittag, was für ihn zu tun war. Christines Bruder Manfred studierte am der Karl-Marx-Universität Volkswirtschaft. Später bekam er einen Posten bei einem großen Volkseigenen Betrieb in Leipzig, der Förderanlagen baute.

*Hausbau ab 1970*

Wer damals in der DDR eine Wohnung kaufen wollte, meldete sich bei den Behörden. Er musste 500 bis 600 Aufbaustunden leisten, bevor er eine Wohnung in einem Plattenbau kaufen durfte. Diese Aufbauarbeiten wurden den Interessenten von den Behörden zugewiesen. Es ging hauptsächlich um Schachtarbeiten für Versorgungsleitungen, um Gleisbau und um ähnliche Arbeiten. Die Erfüllung der geleisteten Stunden wurde genau abgerechnet, damit man nicht betrügen konnte. Eine Besonderheit war, dass ein Bauherr auch Stunden, die von Freunden oder von Verwandten geleistet wurden, für sich verrechnen lassen konnte. Christines Bruder Manfred war in Leipzig mit einer Ärztin verheiratet. Die beiden verdienten genügend Geld, um sich eine Wohnung in einem Plattenbau zu kaufen. Aber sie hatten kaum Zeit, um diese Aufbaustunden für die staatlichen Behörden zu leisten. Für seinen Schwager arbeitete Wolfgang mit einem Freund bei Schachtarbeiten am Leipziger Hauptbahnhof. Zu dritt, also zusammen mit Manfred, erarbeiteten sie so an einem Wochenende ungefähr 50 Stunden. Zum Dank wurden sie abends in Leipzig in den sehr bekannten Auerbachs Keller zum Essen eingeladen.

1972 kam ein Telegramm aus dem Westen, in dem stand, dass Otto Peuker am 24. August 1972 in Wassertrüdingen gestorben war. Die Beerdigung wurde um zwei Tage verschoben, weil Harald in Wassertrüdingen hoffte, dass Wolfgang oder die Mutter zur Beerdigung kommen würde. Leider erhielten Wolfgang und Johanna von den DDR-Behörden keine Reiseerlaubnis. Wolfgang durfte also nicht zur Beerdigung seines Vaters fahren, was ihn furchtbar enttäuschte. Auch wenn er diese Vorschriften nicht verfasst hatte, machte er sich doch Vorwürfe, weil er nicht an der Beisetzung teilnehmen konnte. Im Oktober 1984 erfuhr Harald, dass seine Mutter gestorben war. Er wäre gerne zur Beerdigung gefahren, aber als Bundeswehrangehöriger durfte er nicht in die DDR reisen,. So konnten beide Söhne nicht zur Beerdigung ihrer Eltern fahren: absurd, aber deutsch-deutsche Realität!

## Harald wird in Wassertrüdingen heimisch

Über die Verwandten und in der Schule lernte Harald nach seiner Ankunft in der kleinen Stadt am Hesselberg im Herbst 1947 andere Kinder kennen. An einem Nachmittag trieb ein Bub Schafe hinter der Kirche durch die Stadt, doch er hatte Probleme, weil die Tiere in verschiedene Richtungen wollten. Armin, wie Harald später erfuhr, wuchs in der Spalter Bierstube auf. Harald half ihm, seine Schafe alle in einen Hof beim Törle zu treiben. Die Wirtin, Frau Dommel, fragte Harald: „Hast du Hunger?“ Sie kannte vorher schon seine Antwort. Natürlich bekam er eine dicke Brotscheibe mit viel Butter. Das war der Beginn einer Freundschaft mit Armin, die das ganze Leben halten sollte. 1950 heiratete Otto ein zweites Mal. Hildegard war nun Haralds Stiefmutter.

1952, am Ende der Schulzeit, suchte Harald eine Lehrstelle. Er wollte in einem Geschäft lernen. Zuerst hörte sein Vater von einer Lehrstelle in einem Schreibwarengeschäft. Doch Harald entschied sich für eine Lehre im Eisenwarengeschäft „Hermann Christ – Inhaber Hans Pöhlmann". Dort erlernte er den Beruf des Einzelhandelskaufmanns. Während seiner Ausbildung arbeitete er nicht nur im Laden und im Büro. Er musste auch mit anpacken, wenn am Bahnhof von einem Waggon die Kohlen auf mehrere Fuhrwerke geladen wurden, oder wenn die Kohlen bei Kunden in den Keller geschüttet oder in den Keller getragen wurden. Im Winter, wenn vier bis fünf Waggons mit Kohle in der Woche kamen, war das Abladen bei großer Kälte eine harte und anstrengende Arbeit. Günstig für Harald - er war inzwischen groß und kräftig geworden.

Ein besonderes Interesse zeigte Harald am Singen. In den Wirtschaften, besonders in der Spalter Bierstube, wurde damals viel gesungen. Sehr schnell fiel den Wassertrüdingern auf, dass Harald gern laut und sehr hoch singen konnte. Sein Freund Schönamsgruber nahm ihn deshalb 1958 zur Chorprobe des Liederkranz' in die Krone mit. Harald wurde als hoher Tenor natürlich mit offenen Armen aufgenommen. Einmal kam er nach der Arbeit in die Spalter Bierstube, wo sein Vater saß. Deutlich merkte der Sohn, dass der Vater schon genügend Bier getrunken hatte. Deshalb mahnte er: „Vater, nach diesem Bier gehst du besser heim!" Prompt kam die laute Antwort: „Habt ihr das gehört? Ich habe doch den falschen Sohn mit nach Wassertrüdingen genommen!"

Nach drei Jahren Lehre schloss Harald die Kaufmanns-Gehilfen-Prüfung mit gutem Erfolg ab. Danach blieb er noch vier Jahre bei Pöhlmann, bis er im Herbst 1958 gemustert wurde. Am 6. Juli 1959 wurde Harald zur Bundeswehr eingezogen. Im Sommer begann er mit der Grundausbildung in Sigmaringen seine Laufbahn bei den Soldaten. Anschließend kam er nach Landsberg am Lech, wo ihm sein Kompaniefeldwebel eine Laufbahn als Unteroffizier beim Bund vorschlug. Harald überlegte nicht lange und begann kurz darauf die erste Hälfte seiner Unteroffiziersausbildung bei einem Transportbataillon in Nürnberg. Die zweite Hälfte dieses Lehrgangs absolvierte er in Hammelburg. Ab Juni 1960 wurde er in einem neu gebildeten Nachschub-Bataillon in Oberdachstetten bei Ansbach Rechnungsführer.

Harald versuchte möglichst oft die Chorproben zu besuchen, was während seiner Zeit bei der Bundeswehr schwierig war. Im November und Dezember 1960 machte Harald einen Rechnungsführerlehrgang in Fahl am Feldberg (Schwarzwald), denn aus seinen Unterlagen ging hervor, dass er ausgebildeter Einzelhandelskaufmann war. Nach seiner Rückkehr nach Oberdachstetten wurde er im Januar 1961 zum Unteroffizier befördert. Von dort wurde er am 12. Dezember 1961 zu einer Bataillons-Kompanie in Ulm abkommandiert, wo er bis 1968 blieb. Er besuchte weitere Lehrgänge, darunter auch einen Feldwebel-Lehrgang an der Technischen Truppenschule in Bremen. In Koblenz absolvierte er einen Lehrgang mit dem Thema „Innere Führung". Anschließend war er auch auf einem Lehrgang in Sonthofen, in dem die vielen Vorschriften für einen Kompaniefeldwebel gelehrt und gelernt wurden. Den Kompaniefeldwebel bezeichneten die Soldaten immer als Spieß. 1962 beförderte man Harald dann zum Stabsunteroffizier und 1965 zum Feldwebel. Im selben Jahr wurde er Kompaniefeldwebel, also Spieß.

Bei jeder Beförderung musste Harald im Gegensatz zu seinen Kameraden ungefähr eineinhalb Jahre länger warten, da der Militärische Abschirmdienst (MAD) erst noch Erkundigungen einholte. Es war bekannt, dass Harald einen Zwillingsbruder in der DDR hatte. Außerdem war er Geheimnisträger in der Bundeswehr; sein Bruder Wolfgang war Geheimnisträger im Fernmeldewesen der DDR.

Am Ende seiner Ulmer Zeit wurde er von seinen Vorgesetzten auf ein großes Projekt des Kölner Heeresamts aufmerksam gemacht und dann auch dafür vorgeschlagen. Es ging um die Ausstellung „Unser Heer". Im Juli 1969 saß Harald dann in einem Kölner Hochhaus und bereitete mit einem großen Team diese Ausstellung vor. Seine Aufgaben waren sehr vielseitig. Er musste während der Ausstellungszeit für die Fahrzeuge und für die Unterbringung von über zwanzig Leuten in den jeweiligen Städten sorgen. Die Mahlzeiten in den Hotels durften die Tagespauschale nicht überschreiten. So verhandelte er oft mit Ho-

*Breslauer Straße Nr. 4 in Wassertrüdingen*

tels und Restaurants wegen der nötigen Verbilligungen. Neben diesen Aufgaben musste er auch die Einladungen an alle wichtigen Persönlichkeiten dieser Orte und an die Presse verschicken.

Zur Ausstellung gehörte auch ein Hubschrauber. Besucher, die in der Ausstellung einen Hubschrauberflug gewonnen hatten, durften noch am gleichen Tag mitfliegen. Regelmäßig lud Harald auch Leute von der Presse zu diesen Flügen ein. Um seine Aufgaben erledigen zu können wurden ihm zwei Schreiber und ein VW-Bus zur Verfügung gestellt. Ein besonderes Erlebnis war für Harald ein Hubschrauberflug mit seinem Freund Armin, den er eingeladen hatte. Sie flogen von Ansbach bis zum Hesselberg und über Wassertrüdingen wieder zurück. Harald hatte seine Bewährungsprobe als Organisator bestanden. Nach dem Aufenthalt in 29 Städten war die Ausstellungstournee zu Ende.

Nach seiner Arbeit bei der Ausstellung „Unser Heer" war Harald in Böblingen stationiert. Von dort aus sollte er eigentlich nach München, doch er hatte Glück. In Heidenheim im Landkreis Gunzenhausen fand sich ein Feldwebel, der nach München wollte. Dafür bekam Ha

*Der Männerchor im Liederkranz Wassertrüdingen*

rald dessen Stelle am Hahnenkamm, wie die Ausläufer der Fränkischen Alb dort heißen. Diese Kaserne lag so nahe bei Wassertrüdingen, dass er problemlos jeden Tag heimfahren konnte, soweit dies sein Dienst zuließ. Auch in der Hahnenkamm-Kaserne war er Rechnungsführer des dortigen Bataillons. Nach dem Ausscheiden aus dem aktiven Dienst arbeitete er weiter als Zivilangestellter bei der Bundeswehr in der Heidenheimer Kaserne. Dort wurde er nach 37 Jahren bei der Bundeswehr in einer Feierstunde verabschiedet.

## Harald heiratet Hilde und zieht bei ihr ein

Im Jahr 1974 lernte Harald auf einem Ausflug des Wassertrüdinger Gesangvereins in der Pfalz Hilde kennen. Einige Frauen hatten sie schon informiert, dass ein attraktiver Sänger dabei sein würde. Tatsächlich bemerkte Harald seine Hilde nicht nur auf diesem Ausflug, er traf sich immer öfter mit ihr und ein Jahr später wurde geheiratet.

Harald zog in Wassertrüdingen zu Hilde in das Einfamilienhaus in der Breslauer Straße und wurde häuslich.

Im Gesangverein fühlte sich Harald sehr wohl; er gehörte bald zu den Stimmführern im ersten Tenor. Nach der Chorprobe gingen die Sänger immer in eine Wirtschaft, um dort bei Bier und Gesang den Tag ausklingen zu lassen. Zuweilen zog sich dieses Singen in der Wirtschaft bis nach Mitternacht hin. Harald kannte sehr viele Lieder. Manchmal sangen die Sänger des Liederkranz' drei bis vier Stunden auswendig in improvisierter Mehrstimmigkeit. Das machte nicht nur Harald viel Freude. Als dann 1983 der neue Chorleiter Frieder Held sieben Sänger dazu ermunterte, eine Volksmusikgruppe zu bilden, war Harry, wie er nun häufig genannt wurde, natürlich mit von der Partie. Die Gruppe nannte sich „Die Wörnitz-Russen." Sie sangen dreistimmig hauptsächlich Wirtshaus- und Stimmungslieder in Wassertrüdinger Mundart. Harald musste den fränkischen Dialekt lernen, doch das Singen machte ihm sehr viel Spaß. Bis 2019 trat die Gruppe über siebenhundert Mal bei Sänger- und Musikantentreffen und bei vielen anderen Anlässen auf. So wurde das Leben für Harald nicht langweilig; bald war er stadtbekannt. In der Hesselberghalle und an anderen Orten trat er auch mit dem Männerchor auf. Sogar an Faschingsabenden stand Harald mehrmals auf der Bühne. Hilde hatte nichts dagegen, wenn Harald so oft zum Singen und zu Konzerten ging. Im Gegenteil, sie begleitete Harald sehr oft oder beteiligte sich beim Verkaufen und Bedienen im Verein und bei den Wörnitz-Russen. Neben dem Männerchor freundeten sich Harald und Hilde mit einigen Wanderern an, die nicht nur Wanderungen unternahmen, sondern auch häufig Feste feierten. Hilde freute sich besonders, wenn dann bei einer Geburtstagsfeier die Wanderer mit ihren Frauen bei Peukers im großen Wohnzimmer saßen.

Lange durfte Harald keinen Kontakt mit seinem Zwillingsbruder haben, aber seine Hilde hatte ein großes Herz. Sie suchte nicht nur den Kontakt zur Schwägerin, sie packte auch die herrlichsten Pakete. Viele Jahre brachten die Postboten Westpakete für die junge Familie in Eisenberg. In den Paketen waren Köstlichkeiten, die im Osten fast unerreichbar waren: Kaffee, Kakao, Schokolade, Südfrüchte, Seife und vieles andere mehr. Alle waren überrascht, als Wolfgangs Frau Christine mit Zustimmung der Behörden im Frühjahr 1987 ihre Verwandtschaft in Kiel besuchen konnte. Sie machte auch einen unerlaubten Abstecher nach Wassertrüdingen, um den Schwager Harald zu besuchen. Bei der Begrüßung zeigte sie sich sehr überrascht von der großen Ähnlichkeit der Zwillinge Wolfgang und Harald.

## Wiedersehen nach über vierzig Jahren

In den Achtziger Jahren hatte es Verhandlungen zwischen der DDR und der BRD über Erleichterungen im Besuchsverkehr gegeben. Nach Anfragen bei seinem Arbeitgeber und bei der Polizei ermöglichten diese neuen Vorschriften, dass Wolfgang nach langem Hin und Her zum 50.sten Geburtstag des Zwillingsbruders am 23. April 1988 in den Westen reisen durfte. Allerdings erlaubten die DDR-Behörden nicht, dass Christine mitkommen konnte. Die Vorfreude und die Erwartungen auf das Wiedersehen waren riesig. Wolfgang saß im Zug nach Nürnberg ganz aufgeregt im Abteil und dachte sich: "Wie wird das Treffen mit meinem Bruder ablaufen?" Am Bahnhof in Nürnberg erkannten sie sich sofort, denn sie sahen sich tatsächlich sehr ähnlich. Nach einer langen und herzlichen Umarmung begann das Gespräch nur ganz langsam. Den Zwillingsbrüdern war etwas seltsam zumute, doch Hilde brachte dann das Gespräch in Gang über die Erinnerungen der beiden an ihre gemeinsame Kindheit. So erfuhren die Geschwister nach vierzig Jahren Genaueres über das Leben des Bruders.

Wolfgang wurde auch von einem Zahnarzt, der mit Harald befreundet war, eingeladen. An diesem Abend fragten die Gäste Wolfgang aus. Sie ließen sich von ihm erklären, wie er den Alltag in der DDR erlebte. Beim Abschied bekam er das Buch „Gorbatschow" geschenkt. Wolfgang freute sich sehr, besonders weil man dieses Buch in der DDR nicht kaufen konnte. Zum Wiedersehen der Zwillingsbrüder gab es ein großes Geburtstags-Essen in einer Gastwirtschaft in Oberschwaningen. Sehr viele Freunde und Bekannte waren eingeladen. Alle wunderten sich über die große Ähnlichkeit der Zwillinge Harald und Wolfgang.

Am nächsten Tag fand eine Volksmusikveranstaltung mit den Wörnitz-Russen in der Hesselberghalle statt. Als der Wassertrüdinger Bürgermeister Helmut Vogel hereinkam, blieb er bei Wolfgang stehen und sagte: „Harry, du musst doch singen. Warum hast du keine Lederhose an?“ Wolfgang lachte und meinte: „Sie werden sehen, ich bin beim Singen dabei!“ An diesem Abend ging es vielen Wassertrüdingern so, sie verwechselten Wolfgang und Harald. Einige Monate später fuhr Harald mit dem Zug nach Eisenberg. Offiziell war das nicht erlaubt, doch er traute sich, denn die harte Haltung der Bundesregierung zur DDR war schon aufgeweicht. Er wunderte sich über die schlechten Lebensverhältnisse in Eisenberg. Sein Bruder und seine Schwägerin Christine begrüßten ihn herzlich, und die Gespräche waren sehr interessant. Beim Abschied meinte Wolfgang: „Wir können uns in Zukunft vielleicht öfter sehen. Unser Treffen war zu kurz für die vielen Erinnerungen!“

## 9. November 1989

Ein einschneidendes Ereignis änderte das Leben aller Bürger in der DDR. Das Mitglied des Politbüros der SED, Günter Schabowski, verkündete im Radio und im Fernsehen am Donnerstag, 9. November 1989, dass jeder Bürger ohne Angabe von Gründen Visa für Reisen in westliche Länder und auch nach Westberlin bekommen würde. Als Christine und Wolfgang dies in den Nachrichten hörten, waren sie sehr misstrauisch, weil sie sich das nicht vorstellen konnten. Zwar hatten sie einiges von Nachbarn erfahren, die West-Fernsehen oder westliche Radiosender verfolgten. Sie wussten über die Ausreisewelle von DDR-Bürgern über Tschechien, Ungarn und andere Ferienländer Bescheid. Auch von den Montagsdemonstrationen und den vielen unzufriedenen Mitbürgern in Leipzig und in Dresden hatten sie gehört. Doch die Grenzöffnung war für sie schier unglaublich.

Nachdem Wolfgang und Christine am Abend noch länger über diese neuen Nachrichten gesprochen hatten, erfuhr Wolfgang am nächsten Tag im Büro, dass sie sich nicht verhört hatten. Alle waren gespannt, wie das Ganze sich nun weiter entwickeln würde. Bald darauf fuhren Wolfgang und Christine nach Wassertrüdingen, um die neue Reisefreiheit zu genießen. Es waren schöne Tage und beide holten auf dem Wassertrüdinger Rathaus ihr Begrüßungsgeld von je 100 DM ab. Überall sahen sie auf den Straßen Trabbis.

Ein Jahr später empfanden einige Mitarbeiter im Fernmeldeamt den Wechsel zur Telekom wie eine Zeitenwende. Was vorher analog und mit Drahtverbindungen gemacht wurde, erledigte man von da an mit moderner Elektronik und digital. Die Telekom verlangte von jedem Kollegen eine neue Bewerbung. Es lagen dazu Listen aus mit vielen Fernmeldeberufen in den Bereichen Planung, Bauwesen, Service, Rechnungswesen oder Sprechstellen. Wolfgang wollte in seinem bisherigen Bereich weiterarbeiten, also bewarb er sich als Gruppenleiter. Er hatte Glück und bekam den Posten, obwohl er noch keine Ausbildung gemäß den Richtlinien der Telekom gemacht hatte. Die Weiterbildung wurde für ihn später angeordnet, das Unternehmen brauchte aber sofort einen Service-Gruppen-Leiter. Nun begann für Wolfgang eine aufregende Zeit. Die neue Arbeit mit digitaler Technik war eine große Herausforderung für alle Kollegen. Es wurden neue Gebäude errichtet, in die denen digitale Technik installiert wurde. In ganz Ostdeutschland mussten Erdkabel verlegt werden. Fast ununterbrochen war Wolfgang unterwegs zu Fachlehrgängen und Tagungen. Meistens waren diese Treffen im Westen, also in München, Darmstadt, Speyer oder Koblenz. Jedes Amt bekam einen Partnerbezirk im Westen. Zu Wolfgang kamen Kollegen aus Koblenz, die beim Neuaufbau des Fernmeldeamtes und der Technik tatkräftig halfen. Alle Leiter und Direktoren, denen Systemnähe zur ehemaligen DDR nachgewiesen wurde, mussten ihre Posten räumen. Wolfgangs oberster Vorgesetzter kam aus Westdeutschland. Er schlug ihm vor, das Studium Service-Betrieb aufzunehmen.

## Wolfgang kommt öfter in den Westen

Bald fuhr er nach Koblenz, um dieses Fach zu studieren. Er wurde herzlich empfangen. Ein Kollege kümmerte sich um ihn. Zu seinem Erstaunen war dessen Schreibtisch im Fernmeldeamt ziemlich leer. Er wurde auf eine Versammlung nach Trier mitgenommen. Der Kollege lud ihn auch in sein schönes Einfamilienhaus im Westerwald ein. Bei dieser Gelegenheit erklärte ihm sein Gastgeber, dass er nebenbei mit seinem Sohn ein Geschäft betrieb. Das Geschäft lief auf den Namen seiner Frau, da er als Beamter keine Geschäfte machen durfte. Die Firma lieferte und baute automatische Türöffnungen in Garagen ein. Der Kollege meinte, dass er seinem Ost-Kollegen beim Aufbau einer solchen Firma in Eisenberg auch helfen könnte. Wolfgang erinnerte sich an einen arbeitslosen Freund in Eisenberg, der ein sehr guter Schweißer und Maschinenschlosser war. Nach seiner Rückkehr besprach er mit diesem Freund die Geschäftsidee. Der war sofort begeistert. Ziemlich schnell reiste der Trierer Kollege an und zeigte ihnen, wie man die Tore und die Öffner in den Garagen einbaut. Außerdem übergab er ihnen die Adressen, die sie für die Beschaffung der Öffner, der Tore und anderer Teile brauchten. Sofort machten sich Wolfgang und sein Freund nach Dienstschluss an die Arbeit. Wolfgangs Frau Christine schrieb die Rechnungen und erstellte Angebote. Es gab in der ehemaligen DDR viel Nachholbedarf für Garagen, weil neue und größere Garagen gebraucht wurden. Wolfgang blieb weiter aktiv in der Tischtennisabteilung. Von 1953 bis 2017 spielte er in der ersten Mannschaft. Auch als er schon älter war, wollte der Verein nicht auf ihn verzichten. Dadurch wurde er in Eisenberg sehr bekannt. Für sein Geschäft mit den Garagentoren war Tischtennis in der ersten Mannschaft eine sehr gute Werbung.

Seit Wolfgang in den Westen reisen durfte, besuchte er immer öfter seinen Bruder. Auf der Rückreise von einer Tagung in München traf er an einem Tag Hilde und Harald in Wassertrüdingen. Er wurde herzlich aufgenommen und besuchte in der Hesselbergstadt eine Firma, die auch Garagentore mit automatischen Türöffnern lieferte und einbaute. Interessiert schaute er sich in dieser Firma um. Der Besitzer nahm sich Zeit und zeigte ihm ausführlich seinen Betrieb und die Arbeitsabläufe.

Beim Abschied von Harald und seinen Freunden in der Breslauer Straße konnte Wolfgang nicht anders: Mit seinem Ost-Auto gab er Vollgas und zog die Starterklappe. So nebelte er mit seinem Zwei-Takt-Wart-

*Wolfgang erbte dieses Grundstück*

burg die gesamte Eingangstreppe des Einfamilienhauses mit den stinkenden Abgasen ein. Harald, Hilde und alle Freunde begannen auf der Treppe zu husten. „Ja ist das ein Gestank!" schimpften die Winkenden über diesen Gruß aus dem Osten. Wolfgang sah im Rückspiegel nur noch, wie Armins Frau Marianne ihm in dem blauen Nebel mit der Hand drohte und nachschrie.

In Eisenberg liefen die Geschäfte mit den automatischen Toren gut. Sehr schnell erweiterten Wolfgang und sein Freund ihr Angebot. Neben einfachen Garagentoren lieferten sie bald auch Schwingtore, große Tore für Maschinenhallen, Gartentore und noch andere Türen. Wolfgang betrieb seine Firma nur nebenbei, denn er wollte seine Pensionsberechtigung bei der Post nicht aufgeben. Weil Christine schwer erkrankte, beendete Wolfgang seine Arbeit in der neuen Firma. Sein Partner stellte noch zwei Beschäftigte ein und betrieb das Geschäft mit großem Erfolg allein weiter.

Nach dem Tod seiner Frau 1997 brach für Wolfgang eine schwierige Zeit an, denn er kümmerte sich um sein Erbe. Das bedeutete, dass Wolfgang zusammen mit Christines Bruder der Besitzer des großen Grundstücks war. Weil der Bruder die Arbeit auf dem riesigen Areal mit den über dreißig Obstbäumen nicht leisten konnte, wollte er von Wolfgang ausgezahlt werden. Wolfgang erwarb die andere Hälfte des riesigen Grundstücks. So musste er weiter als Nebenerwerbslandwirt und als Fernmeldetechniker arbeiten. Zwei Teile des Besitz verkaufte er als Baugrundstücke, doch Grasmähen, Schafe versorgen, Heumachen, Äpfel und Kirschen ernten, Bäume ausschneiden sowie Reparaturen am Wohnhaus und an den langen Zäunen waren weiter seine Arbeiten nach Dienstschluss bei der Telekom. Auch heute muss er sich noch um das Grundstück kümmern. 1999 ging Wolfgang im Dezember in seinen wohlverdienten Ruhestand. Nachdem er in Eisenberg mehrere Jahre allein lebte, fand er seine Gabi. Mit ihr zog er in eine Wohnung in der Karolinenstraße. Die Verbindung zu seinen Freunden in der Tischtennisabteilung brach nie ab.

18 Jahre nach Christines Tod in Eisenberg, starb 2015 in Wassertrüdingen Haralds Frau Hilde nach einer schweren Krankheit. In dem Einfamilienhaus lebte Harald nun allein. Gut für ihn war in dieser traurigen Lage, dass er Freunde bei den Sängern und bei den Wanderern hatte. Einige Jahre später kamen zwei Frauen von den Wanderern auf die Idee, eine Friseurin aus Großweingarten auf den Witwer aufmerksam zu machen. Sie war Chorleiterin und teilte mit Harald die Freude am Singen. Harald freundete sich mit Elfriede an, und bald zog er in ihre Wohnung in Großweingarten. Obwohl er dann dreißig Kilometer einfach fahren musste, besuchte er nach seinem Umzug weiter die Proben im Männerchor und bei den Wörnitz-Russen. Zunächst war er also noch in Wassertrüdingen präsent. Aber immer öfter zog es Elfriede mit Harald in ihr Haus in einem kleinen Weiler bei Tirschenreuth in der Oberpfalz. Elfriede hatte dort den elterlichen Hof geerbt..

Harald fehlte in der Folgezeit immer öfter bei den Proben und seine Kontakte mit den Wassertrüdinger Freunden wurden weniger. Schließlich verlegte er seinen Lebensmittelpunkt ganz in die Oberpfalz. In dem kleinen Ort fehlten ihm seine Freunde und der Umgang mit Gleichgesinnten, doch er lebte sich schnell ein. Auch mit den Bekannten von Elfriede kam er gut zurecht.

## Die Zwillinge blicken zurück

Auf diese Weise lebten beide Brüder wieder in der Nähe ihres Geburtsortes Reichenberg. Außerdem rückten sie mit ihren Wohnorten näher zueinander. So war es möglich, dass sie sich gegenseitig öfter besuchten. Die Verbindung zwischen beiden und ihren Frauen wurde enger. Im Sommer 2022 besuchten Wolfgang und Gabi wieder Harald und seine Elfriede. An einem schönen sonnigen Tag machten sie ei-

*Wolfgang und Harald 2022*

nen Bummel durch Tirschenreuth. Am Stadtteich setzten sie sich auf zwei gegenüber liegende Parkbänke. Zufrieden blinzelten sie in die Sonne.

Wolfgang meinte: „Es ist fast unglaublich, was wir beide in unserem Leben mitgemacht haben: Zuerst die Vertreibung, dann das fast unglaubliche Wiedersehen mit unserem Vater in Zittau. Furchtbar empfanden wir Kinder die Scheidung der Eltern, denn wir wurden auseinandergerissen." Harald fuhr fort: „Die Flucht in den Westen verlief abenteuerlich. Damals war ich nicht gesund und musste die langen Märsche mit unserem Vater ertragen. Für mich bedeutete die Flucht das Schlimmste, was ich je erlebt hatte. Wassertrüdingen war dann endlich der Ort, an dem ich anfing zu leben!" Wolfgang erinnerte sich an die Zeit mit seiner Mutter: „Für uns brach nach eurer Flucht die Welt zusammen. Wir mussten die winzige Wohnung räumen. Damals waren wir bettelarm, ich aß sogar aus dem Futtertrog der Hühner." Harald kannte die Geschichte schon, doch seine Elfriede war erschüttert. Wolfgang fuhr fort: „Im Westen kam für euch eine Zeit, in der alles besser wurde. Später nannte man diese Entwicklung das bundesdeutsche Wirtschaftswunder. Bei uns in Thüringen zogen sich die Amerikaner zurück. Dafür kamen russische Soldaten. Sie bauten Maschinen und Bahngleise ab und schickten die geraubten Teile nach Russland. Euch lieferten die Amerikaner Weizen und andere wichtige Dinge, bei uns nahmen sich die Russen Weizen, Rüben und Kartoffeln von unseren Ernten. Kein Wunder, dass ich immer Hunger hatte." Harald entgegnete: „Als Vater in einer Wassertrüdinger Schreinerei Arbeit bekommen hatte, wurde bei uns vieles besser. Hunger mussten wir nicht mehr leiden. In der Schule hatte ich auch Glück, denn ich konnte alles Wichtige nachholen. Zur Konfirmation bekam ich eine Uhr."

*Gabi, Wolfgang, Harald und Elfriede*

Wolfgang ging dann auf die großen politischen Ereignisse ein: „Für mich war meine Jugend nicht so angenehm: Den 17. Juni 1953 habe ich hautnah erlebt. Wir wurden am Ende durch russische Panzer auseinander getrieben. Viele meiner Landsleute verloren 1961 den Glauben an eine erträgliche Zukunft. Der Mauerbau in Berlin bedeutete, dass wir uns in der DDR wie eingesperrt fühlten. Erst nach dem Fall der Mauer erhielten wir die Möglichkeit ins Ausland zu fahren, um z.B. die Alpen zu sehen."

Harald stellte fest: „Wir können froh sein, dass es nach 1945 in Deutschland keinen Krieg gab, sonst hätten wir beide gegeneinander kämpfen und schießen müssen. Eine unmögliche Vorstellung! Die Wiedervereinigung hat uns wieder zusammengebracht. Gorbatschow schickte keine Panzer wie 1953 beim Aufstand in Berlin oder wie 1968 in der Tschechoslowakei. Deutschland hat die Chance genutzt. Auch wenn es immer noch Unterschiede zwischen Ost und West gibt, wir haben immer mehr das Gefühl, eine Nation im Vereinten Europa zu sein!" Gabi stellte fest: „Das Wichtigste für uns alle ist doch bestimmt die Tatsache, dass wir uns wieder problemlos sehen können. Darauf mussten wir lange warten.

Umso schöner ist es jetzt, zusammen mit euch hier an diesem See bei herrlichem Sonnenschein zu sitzen!“

## Nachwort

„Geschichte" kennen viele Menschen als Schulfach. Dass jeder einzelne „Geschichte" erlebt, erleidet oder vielleicht auch gestaltet, wird in den Geschichtsbüchern kaum transparent. Dort geht es um Krieg und Frieden, um bundesdeutsche Entwicklungen und um Weltgeschichte. Könige, Kanzler und Präsidenten kommen in den Büchern vor. Wie erleben einfache Leute die Zeiten? Das versuche ich in meinen Büchern darzustellen. Nach dem Zweiten Weltkrieg war Deutschland geteilt. Der Eiserne Vorhang bedeutete für manche Familien eine harte, unmenschliche Grenze. Am Beispiel von Wolfgang und Harald lässt sich gut zeigen, was Politik mit Menschen machen kann.

In vielen Gesprächen erzählten mir Harald und Wolfgang aus ihrem Leben. Wolfgang schrieb mir außerdem anschaulich und detailliert seine Geschichte auf, was mir beim Schreiben sehr geholfen hat. Seine Wortwahl habe ich einige Male übernehmen können, z.B.: „Haut und Knochen". Ich bedanke mich bei beiden sehr, für ihre Bereitschaft, mir Auskunft zu geben.

Außerdem möchte ich Ruth Losert, meiner Frau Erika und meinem Sohn Andreas für die Korrektur danken. Mein besonderer Dank gilt aber Herrn Dr. Johann Schrenk, der dieses Werk so schön gestaltet hat, und der es auch verlegt. Ohne die gute Zusammenarbeit mit ihm wäre das Buch nicht möglich gewesen. Harald und Wolfgang haben das Geschriebene auch vor dem Druck gelesen und noch einiges berichtigt und ergänzt.

## Bildnachweis

Nr. Titelbild, 01, 02, 03, 04, 05, 08, 09, 10, 14 von Wolfgang Peuker, Eisenberg; Nr. 06, 07, 11, 12, 13, 15, 16 von F. Held, Wassertrüdingen

Friedrich Held, Was habe ich euch getan? (2019), TB, 128 Seiten; mit zahlreichen s/w- und Farbabbildungen; € 13,90; ISBN 978-3-924270-48-3

Der Tote vom Eisler
Eine Kriminialgeschichte
von Friedrich Held
EHA
Edition Hesselberg
& Altmühlfranken
im Schrenk-Verlag